DET ULTIMATA FRÖET KOKBOK

100 recept med pumpafrön, solrosfrön och mer

Maja Holmqvist

INNEHÅLLSFÖRTECKNING

INTRODUKTION

Välkommen till "100 recept med pumpafrön, solrosfrön och mer", ett kulinariskt äventyr som hyllar frönas mångfald och mångsidighet. Från pumpafrön till solrosfrön och mer, frön är inte bara näringsrika kraftpaket utan ger också härlig smak, konsistens och crunch till ett brett utbud av rätter. I den här kokboken presenterar vi 100 recept som visar upp den otroliga potentialen hos frön, och erbjuder kreativa och läckra sätt att införliva dem i din matlagning.

Frön är mer än bara ett mellanmål – de är en kulinarisk skattkammare som väntar på att bli upptäckt. Oavsett om du strö dem på sallader för extra krispigt, använder dem som beläggning för kött och skaldjur, eller införlivar dem i bakverk och desserter, ger frön ett unikt och tillfredsställande element till varje recept. I den här kollektionen visar vi dig hur du kan utnyttja frönas godhet för att skapa rätter som är både näringsrika och läckra.

Men "100 recept med pumpafrön, solrosfrön och mer" är mer än bara en samling recept – det är en hyllning till den otroliga mångfalden och överflöd av frön som finns i naturen. När du utforskar sidorna i denna kokbok kommer du att upptäcka hälsofördelarna och de kulinariska möjligheterna med pumpafrön, solrosfrön, sesamfrön, chiafrön och mer. Oavsett om du är en hälsomedveten kock eller en kulinarisk entusiast, finns det något i den här kokboken som inspirerar och upphetsar dina smaklökar.

Så oavsett om du vill lägga till en näringsrik boost till dina måltider eller helt enkelt utforska nya smaker och texturer, låt "100 recept med pumpafrön, solrosfrön och mer" vara din guide. Från salt till sött, enkelt till sofistikerat, det finns ett frörecept i den här kollektionen för varje smak och tillfälle. Gör dig redo att ge dig ut på en läcker resa genom den underbara världen av frön.

PUMPAFRÖN

1.Asiatiska Pumpkin frön

INGREDIENSER:

- 2 koppar råa, skalade pumpafrön
- 2 msk sojasås
- 1 tsk pulveriserad ingefära
- 2 tsk Splenda

INSTRUKTIONER:

a) Värm ugnen till 350°F.
b) Kombinera pumpafrön, sojasås, ingefära och Splenda i en mixerskål, blanda väl.
c) Fördela pumpafröna i en grund långpanna och rosta i cirka 45 minuter eller tills fröna är torra, rör om två eller tre gånger under rostning.
d) Var och en med 13 gram kolhydrater och 3 gram fibrer, totalt 10 gram användbara kolhydrater och 17 gram protein.

2.Eldiga pumpafrön

INGREDIENSER:
- 1 tsk söt paprika
- ½ tsk malen spiskummin
- 1/4 kopp olivolja
- 1 tsk Tabascosås
- 2 dl skalade pumpafrön
- Salt

INSTRUKTIONER:
a) Värm ugnen till 400°F. I en liten skål, kombinera paprika och spiskummin. Vispa i oljan och tabasco. Tillsätt pumpafröna och rör om för att täcka.
b) Bred ut fröna på en plåt och grädda tills de doftar, ca 5 minuter. Ta ut ur ugnen, strö över salt efter smak och svalna helt innan servering.
c) Dessa äts bäst samma dag som de tillverkas, men när de väl har svalnat kan de täckas och förvaras i rumstemperatur i 2 till 3 dagar.

3.Choklad Goji Banana Pops

INGREDIENSER:

- 4 medelstora bananer skalade och halverade på tvären
- isglasspinnar
- 1 ½ dl mörk chokladchips/knappar
- ¼ tesked kokosolja

TOPPINGS

- Rostade Müsli & pumpafrön
- Gojibär & tärnade torkade aprikoser
- Frystorkade granatäpple Arils & kokoschips
- Hackade pistagenötter & strimlad mandel
- Skivad mandel & strimlad kokos
- Quinoapuffar

INSTRUKTIONER:

a) Lägg chokladchips/knappar med kokosoljan i en mikrovågssäker skål och värm i minst 15 sekunders intervaller på medium kraft - rör mellan varje tills det smält.

b) Använd en mugg med bred mun så att den smälta chokladen kan täcka minst ¾ av bananens längd när den doppas i chokladen.

c) Bred ut varje topping på en platt bricka och rulla den chokladtäckta bananen i valfri topping. Lägg på en separat liten bricka med vaxpapper.

d) Upprepa processen för de andra påläggen och lägg dem sedan i frysen i minst 30 minuter eller tills beläggningen har stelnat. Servera kall.

4.Zucchini Med Pumpapesto

INGREDIENSER:
PUMPAPETO:
- ½ kopp pumpafrön
- ⅜ kopp olivolja
- 1 msk citronsaft
- 1 nypa salt
- 1 knippe basilika

GARNERING:
- 7 svarta oliver
- 5 körsbärstomater

INSTRUKTIONER:
a) Pulsera pumpafröna till fint mjöl i en matberedare. Tillsätt olivolja, citron och salt och blanda tills det är väl blandat. Stanna då och då för att skrapa ner sidorna. Tillsätt basilikabladen.

b) Krydda med mer olivolja, salt och citron. Förvara peston i en förseglad burk. Den håller sig i ungefär en vecka i kylen.

c) Skala utsidan av den gröna zucchinin med en potatisskalare. Fortsätt skala till kärnan.

d) Rör ihop zucchini och pesto och toppa med oliver och körsbärstomater.

5.Grillad auberginesallad

INGREDIENSER:

- 175 g pumpa
- 1 liten aubergine i tärningar
- 1 rödlök, skivad
- 1 röd paprika, skivad
- En näve babybladsspenat
- 1 msk pumpafrön
- 1 tsk honung
- 1 tsk balsamvinäger

INSTRUKTIONER:

a) Förvärm vedugnen . Sikta på 952°F (500°C) på bakbrädan av sten inuti.

b) Tillsätt olivoljan i din gjutjärnspanna.

c) Ta kastrullen från värmen när oljan är varm och tillsätt aubergine, lök, röd paprika och pumpa.

d) Sätt tillbaka formen i ugnen i 3-5 minuter, eller tills grönsakerna är mjuka och lätt brynt.

e) Ta kastrullen från värmen och strö balsamvinäger och honung över.

f) Toppa med ett stänk av pumpafrön och servera med ett fat babybladsspenat.

6.Snackmix för höstskörd

INGREDIENSER:

- 6 dl poppad popcorn
- 1 dl torkade tranbär
- 1 kopp rostade pumpafrön
- 1 kopp godis majs
- ½ kopp honungsrostade jordnötter

INSTRUKTIONER:

a) I en stor skål, blanda ihop alla ingredienser tills de är väl kombinerade.

b) Servera omedelbart eller förvara i en lufttät burk.

7.Halloween Snack Mix

INGREDIENSER:

- 6 dl poppad popcorn
- 1 kopp godis majs
- 1 dl chokladtäckta kringlor
- 1 kopp mini Reese's Pieces
- ½ kopp pumpafrön

INSTRUKTIONER:

a) I en stor skål, blanda ihop alla ingredienser tills de är väl kombinerade.

b) Servera omedelbart eller förvara i en lufttät burk.

8.Popcorn Berry Trail Mix

INGREDIENSER:

- 1 kopp poppad popcorn
- ¼ kopp rostade jordnötter
- ¼ kopp rostad mandel
- ¼ kopp pumpafrön
- ¼ kopp torkade blåbär, inget tillsatt socker
- 2 msk mörk chokladchips (valfritt)
- nypa kanel (valfritt)
- nypa salt

INSTRUKTIONER:

a) Blanda ihop alla ingredienser, justera kanel och salt efter smak om så önskas.

b) Förvara i en lufttät behållare.

c) Håller upp till 2 veckor i skafferiet.

9.Ashwagandha Trail Mix

INGREDIENSER:

- 1 msk kokosolja
- 1 tsk spiskumminpulver
- 1 tsk kardemummapulver
- 1 dl gyllene russin
- 1 kopp pumpafrön
- 1 msk sesamfrön
- 1 tsk ashwagandha pulver

INSTRUKTIONER:

a) Värm kokosolja på medelhög värme i en liten panna. Tillsätt spiskummin och kardemumma efter att oljan blivit flytande. Hetta upp oljan och kryddorna i 1 minut eller tills de blir aromatiska. Tillsätt russin, pumpafrön och sesamfrön i pannan och rör om så att det blir jämnt täckt med olja och örter.

b) Rör då och då i 3–5 minuter eller tills fröna börjar bli bruna, ta sedan av värmen och rör ner ashwagandha.

c) Lägg över på bakplåtspapper och fördela jämnt för att svalna. Ät medan du fortfarande är varm för en extra jordningseffekt.

10.Kanelsocker Tostada Sundaes

INGREDIENSER:
FÖR DEN SPICY NUTTY CRUNCH TOPPING:
- ½ kopp strösocker
- ½ tesked koshersalt
- 1 tsk chilipulver
- ½ tesked cayennepeppar
- ½ tesked kanel
- 1 äggvita
- 1 kopp rå mandel
- 1 kopp råa pepitas (pumpafrön)

FÖR TOSTADAS:
- 5 matskedar strösocker
- 2 teskedar kanel
- Vegetabilisk olja för stekning
- 4 mjöl- eller majstortillas (vi använde Mi Rancho)

FÖR SÖDAGEN:
- Vaniljglass
- Dulce de leche eller chokladfudge
- Vispgrädde
- Maraschino körsbär

INSTRUKTIONER:
FÖR DEN KRYDDA NÖTTYGA CRUNCH:
a) Värm ugnen till 300 grader F.

b) Blanda socker, salt, chilipulver, cayennepeppar och kanel i en liten skål.

c) I en medelstor skål, vispa äggvitan tills den blir skum, släng sedan försiktigt i mandel och pepitas för att täcka dem.

d) Strö kryddblandningen över nötterna och rör om till en jämn beläggning.

e) Överför de belagda nötterna till en plåt klädd med bakplåtspapper, fördela dem i ett enda lager.

f) Grädda nötterna tills de fått färg, släng dem halvvägs, vilket bör ta cirka 40 till 50 minuter.

g) Låt nötterna svalna helt, hacka sedan ⅓ kopp av dem grovt och ställ dem åt sidan. Du kommer att ha extra kryddade nötter, som du kan förvara i en lufttät behållare som ett mellanmål till senare.

FÖR TOSTADAS:
h) Kombinera strösocker och kanel i en bred, grund skål.

i) Tillsätt tillräckligt med vegetabilisk olja till en tjockbottnad stekpanna (som gjutjärn) för att fylla den en tredjedel av vägen upp på sidorna.

j) Värm oljan på medelvärme tills den skimrar och börjar bubbla.

k) Lägg försiktigt en tortilla i taget i den heta oljan och stek varje sida i 50 till 70 sekunder eller tills de är gyllenbruna och krispiga på båda sidor.

l) Överför varje tostada till kanelsockerblandningen och täck dem helt. Lägg de kanelsockerbelagda tostadorna på ett serveringsfat och upprepa med de återstående tortillorna.

SÅ HÄR MONTERAR DU SÖDARNA:

m) Toppa en kanelsockerbelagd tostada med en kula vaniljglass.

n) Ringla på dulce de leche eller chokladfudge.

o) Avsluta med att lägga till en näve av den hackade kryddiga nötcrunchen och andra pålägg du önskar.

11.Rå Parfait Med Spirulina Mjölk

INGREDIENSER:
TORR
- ½ kopp havre
- 1 msk äpple, torkat
- 1 msk mandel, aktiverad
- 1 msk söta kakaonibs
- 1 msk aprikoser, torkade, finhackade
- ½ tsk vaniljpulver
- 1 msk macapulver

FLYTANDE
- 1 kopp, cashewmjölk
- 1 msk spirulinapulver
- 2 msk pumpafrön, malda

INSTRUKTIONER:
a) Tillsätt havre, äpplen, mandel och aprikoser i en burk och toppa med kakaonibs.
b) Häll sedan cashewmjölk, spirulina och pumpafrön i en mixer och kör på högt i en minut.
c) Häll den färdiga mjölken över de torra ingredienserna och njut.

12.Tranbärsapelsin linmuffins

INGREDIENSER:

- 2 koppar Carbquik
- 2 skopor Chocolate Designer Protein (valfritt)
- 1 kopp linmjöl
- 1 kopp värmestabilt sötningsmedel (t.ex. ⅔ kopp Splenda, ⅓ kopp xylitol, 1 paket Stevia Plus)
- 1 paket apelsin sockerfri Jello
- 2 tsk bakpulver
- ½ dl smör eller matfett
- 1 dl mjölk
- 1 dl sockerfri vaniljsirap
- 2 tsk vaniljextrakt
- 4 ägg
- 1 kopp pumpafrön
- ½ paket tranbär

INSTRUKTIONER:

a) Värm ugnen till 350 grader Fahrenheit (175 grader Celsius).
b) Spraya 24 muffinsformar med smörsmakande non-stick matlagningsspray.
c) I en blandningsskål, kombinera Carbquik, Chocolate Designer Protein (om du använder), linmjöl, värmestabilt sötningsmedel (Splenda, xylitol, Stevia Plus), apelsinsockerfri Jello och bakpulver. Blanda dem.
d) Tillsätt smöret eller matfettet och blanda tills blandningen är lätt fuktad.
e) Rör ner mjölk, sockerfri sirap, vaniljextrakt och ägg. Blanda tills det är väl blandat.
f) Vänd försiktigt ner pumpafröna och tranbären.
g) Häll smeten i de förberedda muffinsformarna, dela den mellan de 24 kopparna.
h) Grädda i den förvärmda ugnen i 25-30 minuter, eller tills muffinsen är helt gräddade och en tandpetare som sticks in i mitten kommer ut ren.
i) När de är klara tar du ut muffinsen ur ugnen och låter dem svalna i muffinsformarna några minuter.
j) Lägg över muffinsen till ett galler för att svalna helt.
k) Njut av dina hemgjorda Carbquik Cranberry Orange Lin Muffins!

13.Chai-kryddad Super Chunky Granola

INGREDIENSER:

- ¼ kopp mandelsmör (eller valfritt nöt-/frösmör)
- ¼ kopp lönnsirap
- 2 tsk vaniljextrakt
- 5 tsk mald kanel
- 2-3 tsk mald ingefära
- 1 tsk mald kardemumma
- 1 ½ koppar havregryn (se till glutenfri om det behövs)
- ½ kopp valnötter eller pekannötter, grovt hackade
- ¾ kopp osötade kokosflingor
- ¼ kopp råa pumpafrön (pepitas)

INSTRUKTIONER:

a) Värm ugnen till 325 grader F (160 °C) och klä en bakplåt i standardstorlek med bakplåtspapper.

b) Kombinera mandelsmör, lönnsirap, vaniljextrakt, mald kanel, mald ingefära och mald kardemumma i en medelstor skål. Vispa tills blandningen är slät.

c) Tillsätt havregryn, hackade valnötter eller pekannötter, osötade kokosflingor och råa pumpafrön i skålen med mandelsmörblandningen. Blanda noggrant för att säkerställa att alla torra ingredienser är jämnt belagda.

d) Överför granolablandningen till den förberedda bakplåten och sprid ut den i ett jämnt lager. Om du gör en större sats, använd ytterligare bakplåtar efter behov.

e) Grädda i den förvärmda ugnen i 20-25 minuter. Var vaksam mot slutet för att förhindra brännskador. Granolan är klar när den blir doftande och mörknar i färgen.

f) Obs: Om du föredrar extra tjock granola, undvik att slänga den medan du bakar. För en smuligare konsistens, rör eller släng granolan lite halvvägs för att bryta upp eventuella klumpar.

g) När granolan är synligt brynt och doftande tar du ut den från ugnen. Kasta försiktigt granolan så att överskottsvärmen kan komma ut. Låt den svalna helt på plåten eller i en värmesäker skål.

h) Förvara din chai-kryddade super chunky granola i en förseglad behållare i rumstemperatur i upp till 1 månad, eller i frysen i upp till 3 månader.

i) Njut av granolan på egen hand, med mjölk, yoghurt eller strös ovanpå havregryn för en härlig frukost eller mellanmål!

14.Pumpkin Pie Cheesecake Skålar

INGREDIENSER:

- 4 uns färskost, mjukad
- 1 kopp vanlig grekisk yoghurt, plus mer för topping
- 1 dl pumpapuré
- ¼ kopp lönnsirap
- 1 tsk vaniljextrakt
- 2 tsk mald kanel
- 1 tsk mald ingefära
- ½ tesked mald muskotnöt
- Fint havssalt
- 1 kopp granola
- Rostade pumpafrön
- Hackade pekannötter
- Granatäpple
- Kakaonibs

INSTRUKTIONER:

a) Tillsätt färskost, yoghurt, pumpapuré, lönnsirap, vanilj, kryddor och en nypa salt i skålen på en matberedare eller mixer och bearbeta tills den är slät och krämig. Överför till en skål, täck över och kyl i kylen i minst 4 timmar.

b) För att servera, dela granolan mellan dessertskålar. Toppa med pumpablandningen, en klick grekisk yoghurt, pumpafrön, pekannötter, granatäpple och kakaonibs.

c) Tillsätt farro, 1¼ koppar (295 ml) vatten och en generös nypa salt i en medelstor kastrull. Koka upp, sänk sedan värmen till låg, täck över och låt sjuda tills farron är mjuk med en lätt tugga, cirka 30 minuter.

d) Blanda sockret, återstående 3 matskedar (45 ml) vatten, vaniljstång och frön och ingefära i en liten kastrull på medelhög värme. Koka upp, vispa tills sockret lösts upp. Ta av från värmen och låt dra i 20 minuter. Förbered frukten under tiden.

e) Skiva av ändarna på grapefrukten. Ställ på en plan arbetsyta, skärsidan nedåt. Använd en vass kniv för att skära bort skalet och den vita märgen, följ fruktens kurva, uppifrån och ned. Skär mellan hinnorna för att ta bort segmenten av frukten. Upprepa samma process för att skala och segmentera blodapelsinen.

f) Ta bort och kassera ingefäran och vaniljstången från sirapen. För att servera, dela farron mellan skålar.

g) Ordna frukten runt toppen av skålen, strö över granatäpple och ringla sedan över ingefära-vaniljsirap.

15.Frukost Sötpotatis Med Hibiscus Te Yoghurt

INGREDIENSER:

- 2 lila sötpotatis

FÖR GRANOLA:

- 2 ½ dl havre
- 2 tsk torkad gurkmeja
- 1 tsk kanel
- 1 msk citrusskal
- ¼ kopp honung
- ¼ kopp solrosolja
- ½ kopp pumpafrön
- skvätt salt

FÖR YOGHURTEN:

- 1 dl vanlig grekisk yoghurt
- 1 tsk lönnsirap
- 1 hibiskus tepåse
- ätbara blommor, till garnering

INSTRUKTIONER:

a) Värm ugnen till 425 grader och peta över potatisen med en gaffel.
b) Slå in potatisen i aluminiumfolie och grädda i 45 minuter till en timme.
c) Ta bort från ugnen och låt svalna.

FÖR GRANOLA:

d) Sänk ugnsvärmen till 250 grader och klä en plåt med bakplåtspapper.
e) Kombinera alla granolaingredienserna i en mixerskål och rör om tills allt är täckt med honung och olja.
f) Lägg över på den klädda bakplåten och sprid ut så jämnt som möjligt.
g) Grädda i 45 minuter, rör om var 15:e minut, eller tills granolan har fått färg.
h) Ta bort från ugnen och låt svalna.

FÖR YOGHURTEN:

i) Gör hibiskuste enligt tepåsens anvisningar och ställ det åt sidan för att svalna.
j) En gång i rumstemperatur, vispa ner lönnsirap och te i yoghurten tills du når en slät och krämig konsistens med en lätt rosa nyans.

ATT BYGGA IHOP:

k) Dela potatisen på mitten och toppa med granola, smaksatt yoghurt och ätbara blommor för garnering.

16.Kokos Quinoa frukostskålar

INGREDIENSER:

- 1 msk kokosolja
- 1½ dl röd eller svart quinoa, sköljd
- 14-ounce burk osötad lätt kokosmjölk, plus mer för servering
- 4 koppar vatten
- Fint havssalt
- matskedar honung, agave eller lönnsirap
- 2 tsk vaniljextrakt
- Kokosyoghurt
- Blåbär
- gojibär
- Rostade pumpafrön
- Rostade osötade kokosflingor

INSTRUKTIONER:

a) Hetta upp oljan i en kastrull på medelvärme. Tillsätt quinoan och rosta i cirka 2 minuter, rör om ofta. Rör långsamt i burken med kokosmjölk, vattnet och en nypa salt. Quinoan kommer att bubbla och spruta till en början men kommer snabbt att sätta sig.

b) Koka upp, täck sedan över, sänk värmen till låg och låt sjuda tills den når en mjuk, krämig konsistens, cirka 20 minuter. Ta av från värmen och rör ner honung, agave, lönnsirap och vanilj.

c) För att servera, dela quinoan mellan skålar. Toppa med extra kokosmjölk, kokosyoghurt, blåbär, gojibär, pumpafrön och kokosflingor.

17. Pumpa Lamington

INGREDIENSER:

PUMPSVAMP:

- 2 koppar universalmjöl
- 2 tsk bakpulver
- 1 tsk mald kanel
- ½ tesked mald ingefära
- ½ tesked mald muskotnöt
- ¼ tesked mald kryddpeppar
- ¼ tesked mald kardemumma
- 1½ kopp strösocker
- 1½ kopp burk pumpapuré
- ½ kopp neutralt smakande vegetabilisk olja (raps eller solros)
- 4 äggulor (rumstemperatur)
- 4 äggvitor (rumstemperatur)

FYLLNING:

- 1 kopp färskost (rumstemperatur)
- 2 msk vispgrädde
- 2 msk florsocker

BELÄGGNING:

- ⅔ kopp konserverad pumpapuré
- ¼ kopp vispgrädde
- ½ tesked mald muskotnöt
- ½ tsk mald kanel
- 1 tsk fint salt
- 1½ kopp hackad vit couverture-choklad
- 1½ kopp malda pumpafrön
- ¾ kopp osötad riven kokos

INSTRUKTIONER:

PUMPSVAMP:

a) Värm ugnen till 325°F och placera ett galler i mitten. Klä en 9" x 13" kakform med bakplåtspapper på botten och sidorna.

b) Sikta samman mjöl, bakpulver och kryddor i en medelstor skål.

c) I en annan bunke, vispa ihop socker, pumpapuré, olja och äggulor. Vänd ner den siktade mjölblandningen med en slickepott tills den precis blandas. Undvik överblandning.

d) Vispa äggvitorna på hög hastighet i den rena skålen på en stavmixer, eller använd en handhållen elektrisk mixer, tills mjuka toppar bildas, cirka 4-5 minuter.

e) Vänd försiktigt en tredjedel av den vispade äggvitan i den blöta mjölblandningen tills den är väl blandad. Vänd sedan ner resterande maräng lätt.

f) Häll smeten i den förberedda formen och grädda i 30-40 minuter, rotera formen halvvägs genom gräddningen. Kakan är färdig när en tårtprovare som satts in i mitten kommer ut ren. Låt svalna innan du fyller på.

FYLLNING:

g) Blanda alla fyllningsingredienser för hand i en medelstor skål tills de är väl integrerade.

BELÄGGNING:

h) I en liten kastrull, kombinera pumpapuré, grädde, kryddor och salt. Koka på medelvärme, rör hela tiden tills det sjuder.

i) Lägg den vita chokladen i en värmesäker skål. Häll den varma pumpablandningen över chokladen. Låt stå i 1-2 minuter och rör sedan om tills ganachen är slät.

j) Kombinera de malda pumpafröna och riven kokos i en separat skål.

HOPSÄTTNING:

k) Dela den avsvalnade kakan på mitten horisontellt. Fördela färskostfyllningen jämnt på ena halvan och lägg den andra halvan ovanpå för att bilda en smörgås. Frys kakan i cirka 20 minuter så att den stelnar.

l) När den är fast, klipp av kanterna om det behövs och skär kakan i 1,5" rutor.

m) Pensla varm ganache på varje kakruta och belägg dem sedan med pumpafrön och kokosblandningen.

n) Förvara de sammansatta kakorna i kylen i upp till 2 dagar eller frys i upp till en vecka. Njut av dina Pumpkin Lamingtons!

18.Jordgubbsspenatsallad med Margaritadressing

INGREDIENSER:
FÖR KLÄNINGEN:
- 3 msk limejuice
- 1-½ msk agavenektar
- ½-1 matsked tequila
- ¼ kopp extra virgin olivolja
- Nypa havssalt

FÖR SALLAD:
- 4-6 råga babyspenat
- 1 kopp tärnade jordgubbar
- 1 kopp tärnad mango
- 1 avokado, tärnad
- ¼ Rödlök, strimlad
- 3-4 matskedar rostade pumpafrön

INSTRUKTIONER:
FÖR KLÄNINGEN:
a) Lägg ingredienserna till dressingen i en burk. Stäng locket ordentligt och skaka ordentligt. Smaka av och justera kryddor efter smak. Tillsätt mer limejuice eller agave om det behövs.

FÖR SALLAD:
b) Lägg babyspenaten i en skål eller serveringsfat. Toppa spenaten med tärnade jordgubbar, mango, avokado, rödlök och pumpafrön.

c) Servera direkt med dressingen.

SOLROSFRÖN

19.Sommar Picknick Snack Mix

INGREDIENSER:

- 6 dl poppad popcorn
- 1 kopp torkade körsbär
- 1 kopp vit chokladöverdragna kringlor
- 1 kopp solrosfrön
- ½ kopp graham cracker bitar

INSTRUKTIONER:

a) I en stor skål, blanda ihop alla ingredienser tills de är väl kombinerade.
b) Servera omedelbart eller förvara i en lufttät burk.

20.Grill Munch Mix

INGREDIENSER:

- ½ kopp majskärnor
- 1 kopp Cheerios
- 1 kopp strimlat vete i skedstorlek
- 1 kopp Corn Chex eller majskli
- 1 kopp pretzels
- ½ kopp Torrgrillade jordnötter
- ½ kopp solrosfrön
- 1 msk smör eller margarin
- 1 tsk malen chili
- 1 tsk paprika
- 1 tsk mald oregano
- 1 kopp sesamstavar
- 1 msk Worcestershiresås
- 1 tsk Tabascosås

INSTRUKTIONER:

a) Värm grillen till 350 grader.
b) Kombinera flingor, kringlor, mandel och frön i en stor blandningsskål.
c) I en liten skål, kombinera smör, Worcestershire, chilipulver, oregano, paprika och Tabasco.
d) Rör ner såsen i flingblandningen ordentligt.
e) Bred ut på en stekpanna och koka i 15 minuter, rör om två gånger. Låt svalna.
f) Kombinera med majskärnorna och sesamstavarna och servera.

21.Blandning för torkad frukt och nötter

INGREDIENSER:

- ½ kopp osötad kokosflingor
- ½ kopp osaltade rostade cashewnötter
- ½ kopp skivad blancherad mandel
- ½ kopp vegansk halvsöt chokladchips
- ½ kopp sötade torkade tranbär
- 1/3 dl hackad torkad ananas
- 1/4 kopp osaltade rostade solrosfrön

INSTRUKTIONER:

a) I en liten stekpanna, rosta kokosnöten på medelvärme under omrörning tills den är lätt brun, 2 till 3 minuter. Ställ åt sidan för att svalna.

b) I en stor skål, kombinera cashewnötter, mandel, chokladchips, tranbär, ananas och solrosfrön. Rör ner den rostade kokosen.

c) Kyl helt innan servering. Detta är godast när det serveras samma dag som det görs.

22.Solrosfrön fullkornsbagels

INGREDIENSER:

- 3 dl fullkornsmjöl
- 1 msk aktiv torrjäst
- 2 matskedar honung
- 1 tsk salt
- 1 ¼ koppar varmt vatten
- ½ kopp solrosfrön

INSTRUKTIONER:

a) Kombinera mjöl, jäst, honung, salt och solrosfrön i en stor blandningsskål.

b) Tillsätt långsamt det varma vattnet till de torra ingredienserna och blanda tills en deg bildas.

c) Knåda degen i 10 minuter tills den blir smidig och elastisk.

d) Dela degen i 8 lika stora bitar och forma varje bit till en boll.

e) Täck degbollarna med en fuktig trasa och låt dem vila i 10 minuter.

f) Värm ugnen till 425°F (218°C).

g) Koka upp en kastrull med vatten och sänk värmen till att sjuda.

h) Använd fingret för att sticka ett hål i mitten av varje degboll och sträck ut degen till en bagelform.

i) Koka bagels i 1-2 minuter på varje sida.

j) Lägg bagelsna på en plåt klädd med bakplåtspapper och grädda i 20-25 minuter eller tills de är gyllenbruna.

23.Rödbetor Med Orange Gremolata

INGREDIENSER:

- 3 guldbetor , putsade
- 2 msk limejuice
- 1 tsk apelsinskal
- 2 msk solrosfrö
- 1 msk finhackad persilja
- 3 msk getost
- 1 msk malet s ålder
- 2 msk apelsinjuice
- 1 vitlöksklyfta, finhackad

INSTRUKTIONER:

a)   Förvärm airfryern till 400 . Vik kraftig folie runt rödbetorna och lägg dem på en bricka i air fryer-korgen.

b)   Koka tills de är mjuka, 50 minuter . Skala , halvera och skiva rödbetor ; lägg i en skål.

c)   Tillsätt limejuice, apelsinjuice och salt .

d)   Strö över persilja, salvia, vitlök och apelsinskal, och t op med getost och solroskärnor.

24.Broccoli Microgreens Sallad Med Avokado

INGREDIENSER:

- 1 kopp broccoli microgreens
- 1 msk saltade solrosfrön
- ¼ avokado, skivad i bitar
- 2 matskedar hemgjord vinägrett
- 2 msk citronhummus
- ½ kopp kimkål

INSTRUKTIONER:

a) Kasta microgreens med kimkål, avokadoskivor och solrosfrön på ett stort fat.

b) Blanda med hummus och dressing och smaksätt sedan med nyknäckt peppar.

25.Ashwagandha Cashew Bars

INGREDIENSER:
SKORPA
- ¾ kopp riven kokos
- 1 ¾ koppar aktiverade solrosfrön, blötlagda
- ⅓ kopp urkärnade Medjool-dadlar
- 1 tsk Ceylonkanel
- ½ tsk havssalt
- 2 msk kallpressad kokosolja

FYLLNING
- 2 dl råa cashewnötter, blötlagda över natten
- 1 dl riven kokos
- 1 kopp kokosnötkefir
- ⅓ kopp lönnsirap, efter smak
- ¼ tesked vaniljstång
- 2 matskedar färsk citronsaft
- 1 tsk citronskal
- 2 matskedar Ashwagandha-pulver
- ½ tsk havssalt
- ½ tsk gurkmejapulver
- ¼ tesked svartpeppar
- ¼ kopp kokosolja

INSTRUKTIONER:
SKORPA
a) Smält all kokosolja i en kastrull.
b) Kombinera strimlad kokos, solrosfrön, Medjool-dadlar, kanel och havssalt i en matberedare. Pulsera blandningen tills den bildar en fin smula.
c) Ringla långsamt över 2 matskedar värmd kokosolja. Pulsera ingredienserna igen.
d) Häll skorpblandningen i en fodrad browniepanna och tryck ner ordentligt och jämnt för att bilda skorpa.
e) Lägg den i frysen.

FYLLNING

f) I en matberedare, kombinera cashewnötter, riven kokos, kefir, lönnsirap, vaniljstång, citronsaft, citronskal, Ashwagandha- pulver, salt hav, gurkmeja och svartpeppar tills en fin smula bildas.

g) Rör långsamt ner den smälta kokosoljan/smöret.

h) Skrapa den gyllene mjölkfyllningen över skorpan med en spatel och fördela den jämnt.

i) Ställ formen i kylen över natten för att stelna.

j) Ta ut rätten ur kylen/frysen när den ska serveras.

k) Lägg blocket på en stor skärbräda och tina i 10 till 15 minuter om det behövs.

l) Skär den i 16 rutor jämnt.

m) Servera genast med kokosflingor på toppen!

26.Amaretto Cheesecake Tarts

INGREDIENSER:

- ⅓ kopp solrosfrön, finmalda
- 8 uns färskost
- 1 ägg
- ⅓ kopp osötad riven kokos
- 2 matskedar honung
- 2 msk Amarettolikör

INSTRUKTIONER:

a) Klä muggarna på två muffinsformar med pappersfoder.

b) Blanda solrosfrön och kokos.

c) Lägg 1 tesked av denna blandning i varje foder.

d) Tryck ner med baksidan av en sked för att täcka bottnarna.

e) Värm ugnen till 325F.

f) För att göra fyllningen, skär färskosten i 8 block och blanda med ägg, honung och Amaretto i en matberedare, mixer eller skål tills den är slät och krämig.

g) Lägg en matsked av fyllningen i varje tartelettkopp och grädda i 15 minuter

SESAMFRÖN

27.Peking tångsallad

INGREDIENSER:

- 200 gram Tång, blötlagd i 24 timmar
- ¼ gurka halverad, kärnade ur och skär i skivor
- 8 röda rädisor, skivade
- 75 gram rädisa, tunt skivad
- 1 liten zucchini, tunt skivad
- 50 gram ärtskott
- 20 gram rosa ingefära
- Urval av sallader
- Svarta sesamfrön
- 3 msk limejuice
- 1 msk mynta, färsk hackad
- 2 msk koriander, hackad
- 1 Nyper torkade chiliflakes
- 2 msk Lätt sojasås
- 2 matskedar socker
- 6 matskedar vegetabilisk olja
- 1 liten rot ingefära, riven

INSTRUKTIONER:

a) Blanda alla ingredienser till dressingen och låt stå i 20 minuter, sila sedan och lägg åt sidan.

b) Lägg den blötlagda tången med resten av de övriga ingredienserna i en skål.

c) Häll över den silade dressingen och låt marinera i en timme. Tillsätt salladsbladen i salladen, justera kryddningen och servera.

28.Äpplesmörgås Med Gojibär

INGREDIENSER:
TAHINI:

- ½ dl sesamfrön
- 1-2 matskedar valfri olja
- 1 msk torkad kokos
- 1 msk kokosolja

GARNERING:

- 2 msk gojibär

INSTRUKTIONER:

a) Mjuka upp kokosoljan.
b) Blanda sesamfröna i mixern tills de är finmalda, tillsätt 1 till 2 matskedar olja och mixa igen tills du har en slät pasta.
c) Blanda sesampastan med kokosflingor och kokosolja.
d) Skär äpplena i skivor och fördela dem med tahini. Toppa med gojibär.

29.Matcha Mochi Muffins

INGREDIENSER:

- 1 pinne (½ kopp) osaltat smör
- 1 ½ koppar kokosmjölk (från en burk)
- 1 burk (1 ¼ koppar) sötad kondenserad mjölk
- 3 ägg (rumstemperatur)
- 2 matskedar matcha grönt tepulver
- 1 pund mochiko (klibbigt rismjöl eller sött rismjöl)
- 1 msk bakpulver
- ½ dl mjölk (rumstemperatur)
- En nypa salt
- 2 msk svarta sesamfrön

INSTRUKTIONER:

a) Smält smöret och blanda det med kokosmjölk och kondenserad mjölk i bunken på en stavmixer.

b) Tillsätt ett ägg i taget under vispning på medelhastighet.

c) Tillsätt bakpulver, mochikomjöl och matcha. Fortsätt att blanda.

d) Tillsätt mjölk och blanda tills smeten är slät, liknar pannkakssmet – varken för rinnig eller för tjock.

e) Låt smeten vila i 20 minuter.

f) Värm ugnen till 350°F (180°C). Smöra och mjöla muffinsformen ordentligt (eller använd individuella ugnssäkra ramekins) och fyll med smet. Undvik att använda muffinspappersmuggar för att låta den yttre krispiga skorpan utvecklas; de kan fastna på muffinsen.

g) Strö över smeten med sesamfrön.

h) Grädda i 45 minuter till 1 timme tills de är gyllene.

i) Njut av Matcha Mochi-muffinsen varma eller låt dem svalna innan servering!

30.Sesam & Macadamia Snow Skin Mooncakes

INGREDIENSER:

SNÖHUD:

- 40 g (⅓ kopp) klibbigt rismjöl
- 40 g (⅓ kopp) rismjöl
- 20 g (1 ½ matsked) majsstärkelse
- 50 g (½ kopp) florsocker
- 130 g (½ kopp + 2 matskedar) mjölk
- 20g (1 matsked) sötad kondenserad mjölk
- 30 g (2 matskedar) osaltat smör, smält
- Nypa salt
- Naturlig matfärg för snöhuden: Blå spirulinapulver, färsk rödbetsjuice, Matchapulver

KOKT GLUTINÖST RISMJÖL:

- 40 g (⅓ kopp) klibbigt rismjöl

FYLLNING:

- 160 g (1 ⅓ koppar) rostade vita sesamfrön
- 25 g (2 matskedar) vitt strösocker
- 15 g (1 matsked) osaltat smör
- 40 g (2 matskedar) honung
- Nypa salt
- 20g (2 matskedar) kokt klibbigt rismjöl
- 80 g (½ kopp) hackade rostade macadamianötter

INSTRUKTIONER:

SNÖHUD:

a) Fyll en ånggryta med vatten och låt koka upp på hög värme.

b) Blanda i en skål klibbigt rismjöl, rismjöl, majsstärkelse, florsocker, salt, mjölk, smält osaltat smör och sötad kondenserad mjölk tills det är slätt.

c) Passera smeten genom en sil och lägg över den i en ångsäker skål.

d) Ånga snöskinnssmeten i den förberedda grytan på medelvärme i 20 minuter. Ställ åt sidan för att svalna.

KOKT GLUTINÖST RISMJÖL:

e) Koka klibbigt rismjöl på medelvärme tills det blir något gult. Ställ åt sidan för att svalna.

FYLLNING:

f) Blanda rostade vita sesamfrön tills en rinnig pasta bildas.

g) Tillsätt de återstående fyllningsingredienserna (exklusive macadamianötter) och blanda tills det blandas.

h) Lägg över fyllningen i en skål, vänd ner hackade macadamianötter och dela till 25 g bollar. Ställ i kylen i minst 3 timmar.

i) Knåda det avsvalnade snöskinnet på en bit plastfolie tills det är slätt och enhetligt.

j) Portionera och färga snöskinnet med matfärg. Slå in den tätt och låt stå i kylen i minst 3 timmar.

HOPSÄTTNING:

k) Fast snöskinn marmoreras ihop till 25 g portioner för att bilda en boll. Pudra med kokt klibbigt rismjöl.

l) Slå in fyllningen i en tillplattad bit snöskinn, förslut helt och forma med minimalt kokt klibbigt rismjöl.

m) Pudra lätt den opressade månkakan med kokt klibbigt rismjöl, forma den med handflatorna och tryck ordentligt på mooncakeformens stämpel. Släpp för att visa den färdiga produkten.

n) Kyl i ett par timmar innan du äter. Njut av!

MELONFRÖN

31.Päron valnötssallad

INGREDIENSER:
FÖR SALLAD:
- 3 koppar grönsallad (ruccola, sallad, etc.)
- 2 päron, skivade
- 1 liten rödlök, skivad
- 1 kopp valnöt, grovt hackad
- ½ kopp melonfrön

FÖR SALLADSDRESSINGEN:
- 1 matsked fullkornssenap
- 3 matskedar olivolja
- 2 matskedar vinäger
- 2 matskedar honung
- ½ tsk Cayennepeppar
- Salt att smaka

INSTRUKTIONER:
FÖRBERED SALADSDRESSINGEN:
a) I en mixer, kombinera fullkornssenap, olivolja, vinäger, honung, cayennepeppar och salt.

b) Mixa i cirka en minut tills dressingen emulgerar och blir krämig.

SAMLA SALLAD:
c) I en stor skål, släng ihop salladsgrönsakerna (som ruccola eller sallad), skivade päron, skivad rödlök, hackade valnötter och melonfrön.

d) Tillsätt 3-4 matskedar av den beredda salladsdressingen till salladsingredienserna.

e) Blanda väl tills allt är jämnt täckt med dressingen.

f) Servera päronvalnötssalladen omedelbart medan den är fräsch och krispig.

32.Mörk choklad kaffe månkakor

INGREDIENSER:

- 113g universalmjöl
- 18 g mörkt kakaopulver
- 85 g gyllene sirap
- 25 g majsolja
- ½ tsk alkaliskt vatten

FYLLNING:

- Kaffe lotuspasta
- Rostade melonfrön (12 x 25 g vardera)

INSTRUKTIONER:
FÖRBERED DEGEN:

a) Blanda alla ingredienser till en deg.
b) Vila degen i 30 minuter och dela den i 12 delar.

HOPSÄTTNING:

c) Platta ut varje del av degen.
d) Linda varje portion runt en fyllning av kaffelotuspasta och rostade melonfrön (25g vardera).
e) Tryck ut den fyllda degen i mooncake-formar och ta ut formen på en klädd ugnsform.

BAKNING:

f) Grädda i en förvärmd ugn på 160°C i 10 minuter.
g) Ta ut ur ugnen och svalna i 10 minuter.
h) Sätt tillbaka i ugnen och grädda i ytterligare 10-15 minuter.
i) När de är gräddade, låt mooncakes svalna helt innan servering.

33.Blå Lotus Mooncakes

INGREDIENSER:

LOTUS MOONCAKE:
- 100 g klibbigt rismjöl
- 100g florsocker
- 2 matskedar matfett
- 150ml blå lotus eller pandan vätska
- Extra mjöl för att kavla och till mooncake-formen

LOTUS FRÖPASTA:
- 600g lotusfrön med skinn, tvättade
- 1 msk alkaliskt vatten
- 390 g socker
- 300 g jordnötsolja
- 50 g maltos
- 60g melonfrön, rostade tills de är gyllenbruna
- Vatten (tillräckligt för att täcka lotusfrön i kruka)
- 60 g melonfrön

INSTRUKTIONER:

FÖR LOTUS FRÖPASTA:
a) Koka upp vatten, tillsätt alkaliskt vatten och lotusfrön. Koka i 10 minuter. Kasta bort kokande vatten.

b) Ta bort skinn från lotusfrön genom att gnugga dem under rinnande vatten. Ta bort spetsar och stjälkar.

c) Tillsätt tillräckligt med vatten för att täcka lotusfröna och koka tills de är mjuka. Puréa lotusfröna i omgångar.

d) Glasera en wok med jordnötsolja under låg värme och tillsätt ¼ kopp socker. Stek tills sockret löst sig och blir gyllene.

e) Tillsätt lotusfröpuré och resterande socker. Rör om tills det nästan är torrt. Tillsätt olja gradvis, rör om tills pastan tjocknar.

f) Tillsätt maltos och rör om tills pastan lämnar sidorna av woken. Kyl, tillsätt sedan rostade melonfrön.

FÖR MÅNKÅRTOR:
g) Häll rismjöl i ett stort metallkärl, gör en brunn och tillsätt florsocker och matfett. Gnid tills det blandas.

h) Tillsätt blå lotusvätska (eller pandan). Blanda försiktigt tills det blandas; överarbeta inte.

i) Ta en boll med lotusfröpasta, tryck ett hål i mitten och sätt i ett saltat ägg snabbt. Täck med lotusfröpasta.

j) Kavla ut mooncake-degen till en stock och skär den i lika stora bitar. Kavla ut varje bit.

k) Placera lotusfröpastabollen i mitten och rotera lotuspastan åt ena hållet och bakverket åt det andra tills det är täckt.

l) Mjöla lätt mooncake-formen och mooncake-bollen, tryck sedan ner i formen.

m) Knacka formen försiktigt på en hård yta tills månkakan kommer ut.

34. Vitt kaffe Mooncake

INGREDIENSER:
FÖR HUDEN:
- 200 g lågproteinmjöl
- 25 g (1 paket) Super 3-i-1 vit kaffeblandning
- 160 g gyllene sirap (70 g gyllene sirap + 90 g majssirap)
- 42 g rapsolja
- 4 ml alkaliskt vatten

FÖR FYLLNING/KLISTER:
- 1 kg Mung Bean Lotus Pasta (köpt i butik)
- 3 matskedar melonfrön
- Salta äggulor (valfritt)
- Äggtvätt (för beläggning)

INSTRUKTIONER:
FÖRBERED DEGEN:
a) Blanda alla ingredienser (A) och blanda till en smidig deg.
b) Täck med plastfolie och ställ i kylen i 2 dagar.

FÖRBEREDA FYLLNING/KLISTA:
c) Blanda melonfrön med lotuspasta (B) tills de är jämna.
d) Dela fyllningen i 75-80g portioner och forma dem till runda bollar. Avsätta.
e) Om du använder saltade äggulor, placera en i mitten av varje lotuspastadel.

HOPSÄTTNING:
f) Pudra arbetsbordet med mjöl.
g) Dela den kylda degen i 35 g portioner och forma dem till runda bollar.
h) Platta ut varje degboll och lägg en del av fyllningen i mitten.
i) Linda degen över fyllningen och forma den till en rund boll.
j) Pudra den 6cmx6cmx3,5cmH fyrkantiga Mooncake-formen med mjöl och bestryk den inslagna degen med mjöl.
k) Tryck ner bollen ordentligt i formen och slå/tryck försiktigt ut den på en plåt klädd med bakplåtsmatta eller bakplåtspapper.

BAKNING:
l) Spraya lätt stänk av vatten på månkakorna innan de gräddas.
m) Grädda i en förvärmd ugn på 175°C i 10 minuter.

n) Ta ut bakplåten från ugnen och låt mooncakes svalna i 10-15 minuter.

o) Applicera äggtvätt på toppen av varje månkaka.

p) För tillbaka månkakorna in i ugnen och grädda i ytterligare 13-15 minuter tills de är gyllenbruna.

q) Förvara mooncakes i en lufttät behållare i minst 2 dagar för att tillåta (mjukna) innan servering.

35.Kahlua Snow Skin Mooncake

INGREDIENSER:
FÖR SNÖHUDDEG:

- 65 g kokt klibbigt mjöl
- 17,5 g vetestärkelse (Blanda med superfint mjöl och ånga i 3 minuter. Låt svalna och sikta)
- 17,5g superfint mjöl
- 60g florsocker
- 25g matfett
- 65 g varmt vatten (Lös upp kaffegranulatet)
- 1,5 tsk kaffegranulat (låt svalna)
- 2 tsk Kahlua likör

FYLLNING:

- 250 g lotuspasta (köpt i butik)
- För en 50g form är degen 25g
- 10g melonfrön, lätt rostade, och fyllningen är också 25g

INSTRUKTIONER:
FÖR SNÖHUDDEGEN:
a) Blanda kokt klibbigt mjöl, vetestärkelse och superfint mjöl.
b) Ånga blandningen i 3 minuter.
c) Låt den svalna och sikta för att säkerställa en slät konsistens.
d) Lös upp kaffegranulat i varmt vatten och låt dem svalna.

GÖR DEGEN:
e) Kombinera den ångade blandningen, florsocker, matfett, kyld kaffeblandning och Kahlua-likör i en blandningsskål.
f) Blanda väl tills en mjuk och smidig deg bildas.
g) Dela degen i 25 g portioner.

FÖR FYLLNING:
h) Ta 250 g lotuspasta från butik.
i) Dela lotuspastan i 25g portioner för en 50g form.

SÄTT SAMMAN MÅNKAKKOR:
j) Platta till en del av degen.
k) Placera en portion lotuspasta (25g) i mitten.
l) Lägg 10g lätt rostade melonfrön ovanpå lotuspastan.
m) Omslut fyllningen med snöskinnsdegen och se till att den är ordentligt förseglad.
n) Rulla den sammansatta degen till en boll.
o) Upprepa processen för den återstående degen och fyllningen.
p) Placera de sammansatta mooncakes i kylen för att svalna i minst 2 timmar eller tills snöskinnet stelnar.
q) När Kahlua Snow Skin Mooncakes väl är kylda är de redo att serveras.

CHIA FRÖ

36.Spirulinakakor

INGREDIENSER:

- 1 msk Chiafrön
- 100 g veganskt smör
- 50 g vitt socker
- 50 g farinsocker
- 1 tsk vaniljextrakt
- 100 g glutenfritt mjöl
- 10 g majsmjöl
- ½ tsk bakpulver
- 1,5 msk Spirulina pulver
- ¼ teskedar salt
- 50 g vit choklad eller macadamianötter

INSTRUKTIONER:

a) Värm ugnen till 200°C / 350°F / 160°C fläkt.

b) Gör ett chiaägg genom att tillsätta två och en halv matskedar varmt vatten till dina chiafrön, blanda väl och ställ åt sidan.

c) Smält ditt smör i en kastrull eller mikrovågsugn. Tillsätt sockret och vispa till en slät smet.

d) Tillsätt chiaägget och vaniljen till ditt smör och socker och blanda väl.

e) I en stor blandningsskål, sikta mjöl, majsstärkelse, bakpulver, spirulina och salt och blanda tills det blandas.

f) Häll i den blöta blandningen och blanda väl.

g) Vik i dina chokladbitar.

h) Forma 8 bollar och lägg dem på en plåt klädd med bakplåtspapper. Lämna ca 4 cm mellan varje boll.

i) Grädda i 10 till 12 minuter tills kanterna börjar bli krispiga.

37.Butterfly Pea Overnight Oats

INGREDIENSER:
OVERNATT-HAVRE
- ¼ kopp havre
- 1 dl valfri mjölk
- 1 msk Chiafrön
- 1 valfritt proteinpulver
- 3 matskedar Butterfly Pea Liquid

FJÄRILSÄRT BLOMMA TE
- 1 msk torkade fjärilsärtblommor
- 6 koppar varmt vatten

INSTRUKTIONER:
a) Brygg först ditt fjärilsärte.
b) Hitta helt enkelt en stor kanna, lägg till dina torkade fjärilsärtblommor i den och tillsätt varmt vatten.
c) Låt teet dra i minst en timme innan du använder det. Tillsätt gärna sötningsmedel om du vill.
d) Ta en mason burk.
e) Tillsätt alla dina ingredienser i burken, förutom fjärilsärteet, och blanda väl.
f) Låt det stå i en minut eller två och ringla helt enkelt ner teet i burken. Det kommer att lägga sig i botten, vilket ger en skiktad effekt.
g) Ställ burken i kylen över natten.
h) Lägg i önskat pålägg och njut!

38.Matcha Och Butterfly Pea Smoothie Bowl

INGREDIENSER:

- 1 kopp spenat
- 1 fryst banan
- ½ kopp ananas
- ½ tesked matchapulver av hög kvalitet
- ½ tesked vaniljextrakt
- ⅓ kopp osötad mandelmjölk

GARNERING

- Mynta
- Kiwi
- Blåbär
- Chiafrön
- Torkade fjärilsärtblommor

INSTRUKTIONER:

a) Lägg alla ingredienser till smoothien i en mixer.
b) Pulsera tills den är slät och krämig.
c) Häll upp smoothien i en skål.
d) Strö över pålägg och ät direkt.

39.Butterfly Pea Glazed Munkar

INGREDIENSER:
MUNK :
- 1 mosad banan
- 1 kopp osötad äppelmos
- 1 ägg eller 1 msk chiafrön blandat med vatten
- 50 g smält kokosolja
- 4 msk honung eller agave nektarsirap
- 1 msk vanilj
- 1 tsk kanel
- 150 g bovetemjöl
- 1 tsk bakpulver

FJÄRILSÄRT-GLAZE:
- 1/2 kopp cashewnötter, blötlagda i 4 timmar
- 1 dl mandelmjölk
- 40 fjärilsärter teblommor
- 1 msk agave nektarsirap
- 1 msk vaniljessens

INSTRUKTIONER:
ATT GÖRA DONUTS:
a) Blanda alla torra ingredienser.
b) Blanda alla våta ingredienser.
c) Tillsätt det våta till det torra och överför sedan till munkformarna.
d) Grädda i 160 grader i 15 minuter.

FÖR ATT GÖRA GLASUREN:
e) Mixa cashewnötterna i en matberedare tills de är slät.
f) Värm mandelmjölken i en kastrull och tillsätt teet. Sjud på låg värme i 10 minuter.
g) Tillsätt den blå mandelmjölken till de blandade cashewnötterna, tillsätt agavenektarn och vaniljessensen och blanda igen tills de blandas.
h) Förvara i kyl tills munkar har kokat och svalnat.
i) Dekorera munkarna med glasyren och extra blommor!
j) Dessa munkar är veganska och fria från gluten och raffinerat socker – så egentligen finns det ingen anledning att hålla igen: fortsätt och ät dem alla!

40.Tranbärs- och chiafröbiscotti

INGREDIENSER:

- 2 koppar universalmjöl
- 1 tsk bakpulver
- ½ tsk salt
- ½ kopp osaltat smör, mjukat
- 1 kopp strösocker
- 2 stora ägg
- 1 msk vaniljextrakt
- ¼ kopp chiafrön
- ¼ kopp torkade tranbär
- ¼ kopp hackad mandel

INSTRUKTIONER:

a) Värm ugnen till 350°F (175°C). Klä en stor plåt med bakplåtspapper.

b) I en medelstor skål, vispa ihop mjöl, bakpulver och salt tills det är väl blandat.

c) I en separat stor mixerskål, använd en elektrisk mixer för att kräma smör och socker tills det är ljust och fluffigt, cirka 2-3 minuter.

d) Vispa i äggen, ett i taget, följt av vaniljextraktet.

e) Blanda gradvis i de torra ingredienserna, använd en spatel för att blanda tills degen går ihop.

f) Vänd ner chiafröna, torkade tranbär och hackad mandel tills de är jämnt fördelade i degen.

g) Dela degen i två lika stora delar och forma var och en till en stock ca 12 tum lång och 2 tum bred.

h) Lägg stockarna på den förberedda bakplåten och grädda i 25-30 minuter eller tills de är fasta vid beröring.

i) Ta ut stockarna från ugnen och låt dem svalna på bakplåten i 5-10 minuter.

j) Använd en sågtandad kniv, skär stockarna i ½ tum tjocka skivor och lägg tillbaka dem på bakplåten med skärsidan nedåt.

k) Sätt tillbaka biscottin i ugnen och grädda i ytterligare 10-15 minuter eller tills den är knaprig och torr.

l) Låt biscottin svalna helt på galler innan servering.

41.Chiapudding av fläder

INGREDIENSER:

- ¼ kopp chiafrön
- 1 kopp mjölk (mejeri eller växtbaserad)
- 2 msk fläderblomsirap eller fläderblomstekoncentrat
- 1 msk honung eller sötningsmedel efter eget val
- Färsk frukt, nötter eller granola till topping

INSTRUKTIONER:

a) I en burk eller behållare, kombinera chiafrön, mjölk, fläderblomssirap eller tekoncentrat och honung.

b) Rör om väl för att kombinera och se till att chiafröna är jämnt fördelade.

c) Täck burken och ställ i kylen i minst 2 timmar eller över natten, tills blandningen tjocknar och blir puddingliknande.

d) Rör om blandningen en eller två gånger under kylningstiden för att förhindra klumpar.

e) Servera fläderblomschiapuddingen kyld och toppad med färsk frukt, nötter eller granola för extra textur och smak.

42.Fläderblomma Smoothie Bowl

INGREDIENSER:

- 1 fryst banan
- ½ kopp frysta bär (som jordgubbar, hallon eller blåbär)
- ¼ kopp fläderblomste (starkt bryggt och kylt)
- ¼ kopp grekisk yoghurt eller växtbaserad yoghurt
- 1 msk chiafrön
- Toppings: skivad frukt, granola, kokosflingor, nötter, etc.

INSTRUKTIONER:

a) Kombinera den frysta bananen, de frysta bären, fläderblomsteet, grekisk yoghurt och chiafrön i en mixer.

b) Mixa tills det är slätt och krämigt. Om det behövs, tillsätt ytterligare en skvätt fläderblomste eller vatten för att nå önskad konsistens.

c) Häll upp smoothien i en skål.

d) Toppa med skivad frukt, granola, kokosflingor, nötter eller andra pålägg du föredrar.

e) Njut av den uppfriskande och livfulla fläderblomsmoothieskålen som en näringsrik frukost.

43.Chiasylt av fläderblom

INGREDIENSER:

- 2 koppar färska eller frysta bär (som jordgubbar, hallon eller blåbär)
- ¼ kopp fläderblomssirap
- 2 msk chiafrön
- 1 msk honung eller sötningsmedel efter eget val (valfritt)

INSTRUKTIONER:

a) Kombinera bären och fläderblomssirapen eller tekoncentratet i en kastrull.

b) Låt blandningen sjuda försiktigt på medelvärme, rör om då och då och mosa bären med en sked eller gaffel.

c) Koka bären i ca 5-10 minuter, eller tills de har brutit ner och släppt sin saft.

d) Rör ner chiafröna och honung eller sötningsmedel (om det används) och fortsätt att koka i ytterligare 5 minuter, rör om ofta, tills sylten tjocknar.

e) Ta kastrullen från värmen och låt sylten svalna i några minuter.

f) Överför fläderbloms-chiasylten till en burk eller behållare och kyl tills den når en bredbar konsistens.

g) Bred fläderbloms chiasylt på rostat bröd eller bagels, eller använd den som topping för pannkakor eller havregryn för en fruktig och blommig twist till din frukost.

44.Hibiscus Energy Bites

INGREDIENSER:

- 1 kopp dadlar, urkärnade
- ½ kopp mandel
- ¼ kopp hibiskustekoncentrat
- 2 msk chiafrön
- 2 msk riven kokos
- Valfritt: kakaopulver eller krossade nötter för beläggning

INSTRUKTIONER:

a) Mixa dadlar och mandel i en matberedare tills de bildar en klibbig blandning.

b) Tillsätt hibiskustekoncentratet, chiafrön och riven kokos i matberedaren. Mixa igen tills det är väl blandat.

c) Ta små portioner av blandningen och rulla dem till lagom stora bollar.

d) Valfritt: Rulla energibitarna i kakaopulver eller krossade nötter för överdragning.

e) Lägg energibitarna i en lufttät behållare och ställ i kylen i minst 30 minuter för att stelna.

45.Mason Jar Chia Puddingar

INGREDIENSER:

- 1 ¼ koppar 2% mjölk
- 1 kopp 2% vanlig grekisk yoghurt
- ½ dl chiafrön
- 2 matskedar honung
- 2 matskedar socker
- 1 msk apelsinskal
- 2 tsk vaniljextrakt
- ¾ kopp segmenterade apelsiner
- ¾ kopp segmenterade mandariner
- ½ kopp segmenterad grapefrukt

INSTRUKTIONER:

a) I en stor skål, vispa ihop mjölk, grekisk yoghurt, chiafrön, honung, socker, apelsinskal, vanilj och salt tills det är väl blandat.

b) Fördela blandningen jämnt i fyra (16-ounce) masonburkar. Kyl över natten, eller upp till 5 dagar.

c) Servera kall, toppad med apelsiner, mandariner och grapefrukt.

46.Matcha Overnight Oats

INGREDIENSER:

- ½ kopp gammaldags havre
- ½ dl mjölk eller valfritt mjölkalternativ
- ¼ kopp grekisk yoghurt
- 1 tsk matchapulver
- 2 tsk chiafrön
- 1 tsk honung
- skvätt vaniljextrakt

INSTRUKTIONER:

a) Mät upp alla ingredienser i en burk eller skål och blanda väl.
b) Ställ in i kylen och njut nästa morgon!

47.Matcha Avocado Smoothie

INGREDIENSER:

- ½ avokado, skalad och tärnad
- ⅓ gurka
- 2 dl spenat
- 1 dl kokosmjölk
- 1 dl mandelmjölk
- 1 tsk matchapulver
- ½ limejuice
- ½ skopa vaniljproteinpulver
- ½ tsk chiafrön

INSTRUKTIONER:

a) Mixa avokadoköttet med gurkan och resten av ingredienserna i en mixer tills det är slätt.
b) Tjäna.

48.Päron pistasch parfaitburkar

INGREDIENSER:
PÄRON CHIA PUDDING:

- ¼ kopp päronpuré
- ⅓ kopp osötad vanilj eller vanlig mandelmjölk
- 3 msk chiafrön
- Päronavocadopudding:
- 1 mogen avokado
- 1-2 tsk honung eller kokosnektar, beroende på önskad sötma
- 2 msk päronpuré

ÅTERstående lager & garnering:

- ½ kopp av din favoritgranola
- ½ kopp kokosyoghurt eller grekisk vaniljyoghurt
- ¼ kopp hackat färskt päron
- 2 msk hackade pistagenötter
- 2 tsk honung eller kokosnektar

INSTRUKTIONER:

a) Börja med att förbereda Pear Chia Pudding genom att tillsätta alla ingredienserna i en skål, blanda tills den är väl kombinerad, låt sedan stå i kylen i 15-20 minuter för att tjockna.

b) Förbered sedan Avocado Pear Pudding genom att tillsätta alla ingredienserna i en liten matberedare eller babykula och pulsera tills blandningen är slät. Testa smaken och tillsätt mer honung/kokosnektar om du föredrar att avokadopuddingen är på den sötare sidan.

c) När chiapuddingen har tjocknat, rör om den igen och du är redo att lägga på alla ingredienser.

d) Använd två 8-ounce burkar, dela granolan, yoghurten, chiapuddingen och avokadopuddingen, lägg dessa i valfritt arrangemang mellan de två burkarna.

e) Avsluta med att toppa varje burk med 2 matskedar hackat färskt päron och 1 matsked hackade pistagenötter, ringla sedan över varje burk med 1 tesked honung eller kokosnektar.

LINFRÖ/LINFRÖ

49.Ugnsbakade veganska köttbullar

INGREDIENSER:

- 1 msk malda linfrön
- ¼ kopp + 3 msk grönsaksbuljong
- 1 stor lök, skalad och skuren i fjärdedelar
- 2 vitlöksklyftor, skalade
- 1½ planta köttbullar
- 1 dl brödsmulor
- ½ kopp vegansk parmesanost
- 2 msk färsk persilja, finhackad
- Salta och peppra, efter smak
- Spray för matolja

INSTRUKTIONER:

a) Tillsätt lök och vitlök i en matberedare och mixa tills den är mosad.

b) Tillsätt linägg, ¼ kopp grönsaksbuljong, purerad lök och vitlök, Impossible köttbullar växtkött, brödsmulor, vegansk parmesanost, persilja och en nypa salt och peppar i en stor blandningsskål.

c) Blanda väl för att kombinera.

d) Från den veganska köttbullarblandningen till 32 bollar .

e) Placera veganska köttbullar på den klädda bakplåten och grädda i ugnen i cirka 10 minuter, eller tills de är gyllenbruna.

50.Fiberkexrundor

INGREDIENSER:

- 2 msk linfrön
- 2 msk vetegroddar
- ⅔ kopp Carbquik
- ¼ kopp höggluten vetemjöl
- 2 msk smör, rumstemperatur
- Cirka 1 dl vatten

INSTRUKTIONER:

a) Mal linfrön och vetegroddar till en mjölig konsistens med en kaffekvarn eller liknande.

b) I en blandningsskål, kombinera Carbquik och högglutenvetemjöl med en gaffel. Tillsätt de malda linfröna och vetegroddsmjölet och rör om väl.

c) Skär det rumstempererade smöret i de torra ingredienserna, blanda tills det liknar grova smulor.

d) Tillsätt gradvis ¾ varmt kranvatten till blandningen, rör om väl för att bilda en deg. Fortsätt att tillsätta lite vatten efter behov tills degen når konsistensen av en lätt kexdeg.

e) Dela med smorda händer degen i 10 lika stora bollar, ungefär valnötsstora.

f) Tryck ut varje boll på en smord bakplåt eller en osmord baksten för att bilda 4-tums rundor.

g) Grädda i en förvärmd 350ºF (175ºC) ugn tills kanterna knappt börjar få färg.

h) Ta genast ut kakorna från ugnen och från plåten eller stenen för att svalna.

i) När du har svalnat kan du njuta av dina hemgjorda Carbquik Fiber Biscuit Rounds!

51.Lunchbox Chocolate Chip Cookies

INGREDIENSER:

- ⅓ kopp osötad äppelmos
- ⅓ kopp mandelsmör
- ½ kopp torrt sötningsmedel
- 1 msk malda linfrön
- 2 tsk rent vaniljextrakt
- 1⅓ koppar havremjöl
- ½ tesked bakpulver
- ½ tsk salt
- ¼ kopp durramjöl, eller fullkornsbakelsemjöl
- ½ kopp kornsötade chokladchips

INSTRUKTIONER:

a) Värm ugnen till 350°F. Klä två stora bakplåtar med bakplåtspapper eller Silpat bakmattor.

b) I en stor blandningsskål, använd en stark gaffel för att slå ihop äppelmos, mandelsmör, torrt sötningsmedel och linfrön. När den är relativt slät, blanda i vaniljen.

c) Tillsätt havremjöl, bakpulver och salt och blanda väl. Tillsätt sorghummjölet och chokladbitarna och blanda väl.

d) Släpp skedar av smeten på de förberedda bakplåtarna i ca 1½ msk skopor, ca 2 tum från varandra. Platta ut kakorna lite, så att de liknar tjocka skivor (de breder sig inte mycket alls under gräddningen). Grädda i 8 till 10 minuter. Ju längre du bakar dem, desto krispigare blir de.

e) Ta ut kakorna från ugnen och låt dem svalna på plåtarna i 5 minuter, lägg sedan över till ett galler för att svalna helt.

52. Fonio & Moringa kex

INGREDIENSER:

FÖR KNÄCKARE:

- 3/4 kopp Fonio Super-Grain, blandat till ett mjöl
- 1 tsk Moringapulver
- 1 kopp pumpafrön
- 3/4 kopp solrosfrön
- 1/2 kopp linfrö, hela frön
- 1/2 kopp chiafrön
- 1/3 kopp glutenfri snabbhavre
- 2 msk vallmofrön
- 1/2 tsk salt
- 1/2 tsk peppar
- 1/4 tsk gurkmejapulver
- 2 msk chili olivolja, eller vanlig olivolja
- 1/2 kopp vatten

FÖR CHOSTBORDEN:

- Nötter
- Torkad frukt
- Färsk frukt
- Vegansk ost

INSTRUKTIONER:

a) Värm ugnen till 190°. Blanda alla torra ingredienser i en skål.

b) Tillsätt olivolja och vatten och blanda väl tills det bildar en deg.

c) Dela blandningen i två delar. Ta ena halvan och lägg mellan två bitar bakplåtspapper och kavla ut degen, ca. 2-3 mm tjock.

d) Skär i önskad form och lägg över dem på en bakplåt. Upprepa stegen med den andra halvan av degen. Grädda i 20-25 minuter eller tills kanterna är gyllenbruna.

e) Låt svalna i 10 minuter. Servera med ett urval av frukter, nötter, ostar och dipp.

53.Inga baka energibitar med nutella

INGREDIENSER:
- 1 dl gammaldags, havregryn
- ½ kopp krispiga risflingor eller strimlad kokos
- ½ kopp Nutella
- ¼ kopp jordnötssmör
- ½ kopp malda linfrö
- ⅓ kopp honung
- 1 msk kokosolja
- 1 tsk vanilj
- ½ kopp chokladchips

INSTRUKTIONER:

a) Blanda havregryn, krispiga risflingor, Nutella, jordnötssmör, malda linfrö, honung, vanilj, kokosolja och minichokladchips.

b) Skopa blandningen till små bollar ca 1 matsked vardera. Lägg bollarna på en bit bakplåtspapper.

c) Använd händerna för att rulla dem till tätt packade bollar. Ställ in i kylen för att stelna.

54.Äpple Blåbär Valnöt Crisp

INGREDIENSER:
FYLLNING:
- 3 stora röda eller gyllene läckra äpplen, skalade och skivade
- 2 matskedar packat farinsocker
- 2 matskedar fullkornsvetemjöl
- 1 tsk vaniljextrakt
- ½ tsk mald kanel
- ½ pint blåbär (1 kopp)

KRISP TOPPING:
- ¾ kopp valnötter, mycket fint hackade
- ¼ kopp gammaldags eller snabbkokt havre
- 2 matskedar packat farinsocker
- 2 matskedar fullkornsvetemjöl
- 2 msk malda linfrö
- ½ tsk mald kanel
- ⅛ tesked salt
- 2 msk rapsolja

INSTRUKTIONER:
a) Värm ugnen till 400°F.

b) Kombinera äpplena, farinsocker, mjöl, vanilj och kanel i en stor skål och rör om. Häll försiktigt i blåbären. Lägg äppelblandningen i en 8 x 8-tums ugnsform och ställ åt sidan.

c) För att göra toppingen, kombinera valnötter, havre, farinsocker, fullkornsvetemjöl, linfrö, kanel och salt i en medelstor skål.

d) Tillsätt rapsoljan och rör om tills de torra ingredienserna är väl belagda.

e) Fördela toppingen jämnt över fruktblandningen.

f) Grädda i 40 till 45 minuter, eller tills frukten är mjuk och toppingen är gyllenbrun (täck med folie om toppingen brunnar för snabbt).

55.Smoothie för rengöring av bär och mangold

INGREDIENSER:
- 3 mangoldblad, stjälkarna borttagna
- ¼ kopp frysta tranbär
- Vatten, 1 kopp
- malda linfrö, 2 matskedar
- 1 kopp hallon
- 2 urkärnade Medjool-dadlar

INSTRUKTIONER:
a) Lägg alla komponenterna i en mixer och bearbeta tills de är helt slät.

KARDEMUMMAFRÖN

56.Indiska Masala Chai Affogato

INGREDIENSER:

- 1 skopa masala chai gelato eller glass
- 1 shot chai te
- krossade kardemummafrön
- krossade pistagenötter

INSTRUKTIONER:

a) Lägg en kula masala chai gelato eller glass i ett serveringsglas.
b) Häll en shot chai-te över gelatoen.
c) Strö över krossade kardemummafrön.
d) Garnera med krossade pistagenötter.
e) Servera omedelbart och njut av de varma och aromatiska smakerna av indisk masala chai.

57.Chai glass

INGREDIENSER:

- 2 stjärnanisstjärnor
- 10 hela nejlikor
- 10 hela kryddpeppar
- 2 kanelstänger
- 10 hela vitpepparkorn
- 4 kardemummaskidor, öppnade för frön
- ¼ kopp fylligt svart te (Ceylon eller engelsk frukost)
- 1 dl mjölk
- 2 koppar tung grädde (delad, 1 kopp och 1 kopp)
- ¾ kopp socker
- En nypa salt
- 6 äggulor (se hur man separerar ägg)

INSTRUKTIONER:

a) I en tjock kastrull lägg 1 kopp mjölk, 1 kopp grädde och chaikryddorna - stjärnanis, kryddnejlika, kryddpeppar, kanelstänger, vitpepparkorn och kardemummaskidor och en nypa salt.

b) Värm blandningen tills den är ångande (inte kokande) och varm vid beröring. Sänk värmen till varm, täck över och låt stå i 1 timme.

c) Värm blandningen igen tills den är ångande het igen (inte kokar igen), tillsätt de svarta tebladen, ta bort från värmen, rör i teet och låt dra i 15 minuter.

d) Använd en finmaskig sil för att sila bort teet och kryddorna, häll den infunderade mjölkgräddblandningen i en separat skål.

e) Häll tillbaka mjölk-gräddblandningen i den tjockbottnade kastrullen. Tillsätt sockret till mjölk-gräddblandningen och värm under omrörning tills sockret är helt upplöst.

f) Medan teet infunderas i föregående steg, förbered den återstående 1 koppen grädde över ett isbad.

g) Häll grädden i en medelstor metallskål och ställ den i isvatten (med mycket is) över en större skål. Ställ en nätsil ovanpå skålarna. Avsätta.

h) Vispa äggulorna i en medelstor skål. Häll långsamt den uppvärmda mjölkgräddblandningen i äggulorna, vispa hela tiden så att äggulorna tempereras av den varma blandningen men inte kokas av den. Skrapa tillbaka de värmda äggulorna i kastrullen.

i) Sätt tillbaka kastrullen till spisen, rör om blandningen hela tiden på medelhög värme med en träslev, skrapa botten medan du rör tills blandningen tjocknar och täcker skeden så att du kan köra fingret över beläggningen och att beläggningen inte rinner. Detta kan ta cirka 10 minuter.

j) Så fort detta händer ska blandningen omedelbart tas bort från värmen och hällas genom silen över isbadet för att stoppa tillagningen i nästa steg.

58.Te Med Kombu Tångflingor

INGREDIENSER:

- 1-4 teskedar Kombu-flingor eller pulver
- 1 liter kallt vatten
- 1-4 teskedar grönt lösbladigt te
- 2 skivor färsk ingefära eller galangalrot
- 1 tsk kanel
- 2 citron- eller limeskivor
- nypa kardemummafrön

INSTRUKTIONER:

a) Tillsätt grönt te, Kombu och valfria smaker till en 1,5-liters kanna kallt vatten.

b) Låt det dra tills en bra färg har utvecklats. Detta kommer att ta några timmar.

c) Om du vill ha en varm brygd, fyll på en halv mugg kallt te med kokande vatten.

59. Apelsin-kardemumma smörkakor med rosenglasyr

INGREDIENSER:
TILL TÅRTORNA
- 2 matskedar helmjölk
- 1 ½ tsk rivet apelsinskal
- ½ tsk apelsinblomvatten
- ½ vaniljstång, halverad på tvären
- ½ kopp osaltat smör (4 ounces), vid rumstemperatur, plus mer för att smörja pannan
- 1 kopp universalmjöl (cirka 4 ¼ uns), plus mer för pannan
- 1 tsk bakpulver
- ¼ tesked malda gröna kardemummafrön
- ⅛ tesked kosher salt
- ½ kopp plus 1 matsked strösocker
- 2 stora ägg, i rumstemperatur

FÖR GLASSEN
- 1 ½ koppar strösocker (ca 6 uns)
- 1 kopp osaltat smör (8 uns), mjukat
- ½ tsk apelsinblomvatten
- ½ tesked vaniljextrakt
- ⅛ tesked rosenvatten
- ½ kopp frönfri hallonsylt
- 1 ½ tsk färsk apelsinjuice

YTTERLIGARE INGREDIENS
- Torkade rosenblad, till garnering

INSTRUKTIONER:
GÖR TAKTORN:
a) Värm ugnen till 325°F. Blanda mjölk, apelsinskal och apelsinblomvatten i en liten skål. Dela vaniljstången på mitten på längden och skrapa ner vaniljfrön i mjölkblandningen; rör om för att kombinera. Tillsätt vaniljstång till mjölkblandningen; avsätta.

b) Smörj generöst botten och sidorna av 8 brunnar i en 12-kopps standardmuffinsform med smör. Pudra rikligt med mjöl. Luta för att täcka sidorna helt och knacka ut överskottet. Avsätta.

c) Vispa ihop mjöl, bakpulver, kardemumma och salt i en medelstor skål.

d) Vispa smör och socker i en stor skål med en elektrisk mixer på medelhastighet tills det är ljust och fluffigt, 5 till 7 minuter. Tillsätt ägg i smörblandningen, 1 i taget, vispa på medelhastighet tills det blandas.

e) Med mixern igång på låg hastighet, tillsätt gradvis mjölblandningen till smörblandningen i 3 tillsatser, omväxlande med mjölkblandningen. Vispa tills smeten är slät, ca 2 minuter.

f) Fördela smeten jämnt mellan 8 förberedda brunnar i muffinsformen; släta toppar med en förskjuten spatel.

g) Grädda tills en träplock som satts in i mitten av kakan kommer ut ren, 18 till 20 minuter. Låt svalna i pannan i 10 minuter. Ta bort från pannan; låt svalna helt på galler, ca 20 minuter.

h) Använd en tandad kniv, ta bort och kassera de välvda topparna från kakorna. Vänd upp kakor, skära sidorna nedåt, på en skärbräda. Halvera kakorna på tvären, skapa 2 lager för varje.

GÖR GLASSEN:

i) Vispa strösocker och smör i en medelstor skål med en elektrisk mixer på medelhög hastighet tills det är ljust och fluffigt, cirka 5 minuter.

j) Tillsätt apelsinblomvatten, vaniljextrakt och rosenvatten; vispa tills det blandas.

k) Rör ihop hallonsylt och apelsinjuice i en liten skål tills det är slätt.

SÅ HÄR MONTERAR DU TÅRTOR:

l) Bred ut 2 tsk glasyr på det nedre lagret av 1 kaka. Toppa med 1 tsk syltblandning och lägg det översta tårtlagret på sylten.

m) Bred ut ett tunt lager glasyr på utsidan av kakan; bred 2 tsk glasyr ovanpå kakan.

n) Doppa toppen med 1 tesked syltblandning, låt överskottet försiktigt droppa ner på sidorna.

o) Upprepa med de återstående kakorna. Garnera med torkade rosenblad.

HAMPAFRÖN

60.Rödbetor köttbullar

INGREDIENSER:

- 15 uns av ljusröda Kidney Beans burk
- 2 ½ matskedar extra virgin olivolja
- 2 ½ uns Cremini svamp
- 1 rödlök
- ½ kopp kokt brunt ris
- ¾ kopp Råbetor
- 1/3 kopp hampafrön
- 1 tsk mald svartpeppar
- ½ tsk havssalt
- ½ tsk Malet korianderfrö
- 1 vegansk äggersättning

INSTRUKTIONER:

a) Värm ugnen till 375°F. Mosa kidneybönorna väl i en mixerskål och ställ åt sidan.
b) Värm oljan i en nonstick-panna på medelvärme.
c) Tillsätt svampen och löken och fräs tills det mjuknat, cirka 8 minuter.
d) Överför grönsaksblandningen till mixerskålen med bönorna.
e) Rör ner ris, rödbetor, hampafrön, peppar, salt och koriander tills det blandas.
f) Tillsätt den veganska äggersättningen och rör om tills det är väl blandat.
g) Forma blandningen till fyra bollar och lägg på en oblekt bakplåtspappersklädd plåt.
h) Dutta lätt toppen av köttbullarna med ½ matsked av oljan med fingertopparna.
i) Grädda i 1 timme. Vänd försiktigt över varje köttbulle och grädda tills de är knapriga, fasta och bruna, cirka 20 minuter till.

61.Blueberry Spirulina Overnight Oats

INGREDIENSER:

- ½ kopp havre
- 1 msk riven kokos
- ⅛ teskedar kanel
- ½ tsk spirulina
- ½ kopp växtbaserad mjölk
- 1 ½ msk växtbaserad yoghurt
- ¼ kopp frysta blåbär
- 1 tsk hampafrön
- 1 kiwi, skivad

INSTRUKTIONER:

a) Tillsätt havregryn, riven kokos, kanel och spirulina i en burk eller skål. Tillsätt sedan den växtbaserade mjölken och kokosnöt eller naturell yoghurt.

b) Lägg de frysta blåbären och kiwin ovanpå. Kyl över natten, eller åtminstone en timme eller mer.

c) Innan servering tillsätt hampafrön om så önskas. Njut av!

62.Peach Smoothie Bowl

INGREDIENSER:

- 2 dl persikor, frysta
- 1 banan, fryst
- 1½ dl osötad vaniljmandelmjölk
- 1 matsked hampafrön
- Blandade bär
- ätbara blommor
- färska persikaskivor
- färska ananasskivor

INSTRUKTIONER:

☑ Tillsätt alla ingredienser, förutom de ätbara blommorna, färska persikoskivor och färska ananasskivor i en mixerkopp och mixa tills det är slätt, var försiktig så att du inte överblandar.

☑ Toppa med ätbara blommor, färska persikoskivor, färska ananasskivor eller andra pålägg som du väljer.

63.Chokladbark Med Gojibär

INGREDIENSER:
- 12 uns chokladchips
- 2,5 msk sjömossapulver
- 1 matsked hampafrön
- ½ kopp råa nötter
- 2 matskedar gojibär
- ½ tsk Himalaya havssalt, valfritt

INSTRUKTIONER:
a) Samla ihop ingredienserna. Ha dina ingredienser redo så att chokladbarken är lätt att montera.
b) Ta en stor mikrovågssäker skål, tillsätt chokladen och smält sedan chokladen i 30-sekundersintervaller i mikrovågsugnen, rör om mellan varje intervall.
c) När chokladen har smält helt, för över chokladen på en bakplåtspappersklädd plåt eller plåt. Använd en spatel för att breda ut chokladen i ett tunt, jämnt lager, cirka ¼" tjockt.
d) Lägg på påläggen.
e) Flytta plattan till kylen och låt chokladen stelna, vilket bör ta cirka 30 minuter.
f) När chokladen stelnat kan du bryta den i lagom stora bitar.
g) Njut av din choklad! Förvara eventuell överbliven chokladbark i en lufttät behållare i kylen i upp till en vecka.

64.Grönt te & ingefära Smoothie

INGREDIENSER:

- 1 Anjoupäron, hackat
- ¼ kopp vita russin eller torkade mullbär
- 1 tsk färskhackad ingefärsrot
- 1 stor näve hackad romansallat
- 1 msk hampafrön
- 1 kopp osötat bryggt grönt te, kylt
- 7 till 9 isbitar

INSTRUKTIONER:

a) Lägg alla ingredienser utom isen i en Vitamix och bearbeta tills den är slät och krämig.

b) Tillsätt isen och bearbeta igen. Drick kyld.

VALLMOFRÖN

65.Våfflor med citron och vallmo

INGREDIENSER:

- 2 koppar universalmjöl
- 2 msk polenta
- 2 msk vitt socker
- 2 msk vallmofrön
- ¾ teskedar bakpulver
- ¾ teskedar flingsalt
- 2½ dl kärnmjölk
- 2 stora ägg
- 1 msk rivet citronskal
- 1 tsk färsk citronsaft
- 1 tsk rent vaniljextrakt
- ⅔ kopp vegetabilisk olja

INSTRUKTIONER:

a) Kombinera alla torra ingredienser i en stor mixerskål; vispa tills det är väl blandat. I antingen en stor måttbägare eller en separat blandningsskål, kombinera de återstående ingredienserna och vispa för att kombinera.

b) Tillsätt de flytande ingredienserna till de torra ingredienserna och vispa tills det är slätt.

c) Förvärm våffelmaskinen till önskad inställning.

d) Häll en knapp kopp smet genom toppen av pipen. När tonen hörs är våfflan klar. Öppna försiktigt våffelmaskinen och ta bort den gräddade våfflorna.

e) Stäng våffelmaskinen och upprepa med resterande smet.

66.Carbquik Bialys

INGREDIENSER:

- 1 ½ koppar varmt vatten, 105 till 115 grader F
- 1 helt ägg, vispat med 2 msk vatten för tvätt
- 1 matsked kosher salt, för att strö över
- 5 tsk aktiv torrjäst
- 2 tsk socker
- 5 ½ koppar Carbquik
- 2 ½ tsk kosher salt
- ½ kopp torkade lökflingor
- 2 matskedar vegetabilisk olja
- 1 ½ msk vallmofrön

INSTRUKTIONER:

a) Värm din ugn till 450ºF.

b) I en stor skål, vispa samman varmt vatten, jäst och socker. Rör i en kopp Carbquik och salt. Tillsätt det mesta av resten av Carbquik och rör om med en träslev till en mjuk massa. Om du använder en mixer, fäst degkroken och blanda i 8 till 10 minuter, tillsätt ytterligare Carbquik efter behov för att bilda en fast, smidig deg. Alternativt kan du knåda degen för hand.

c) Täck över degen och låt vila i cirka 45 till 60 minuter. Medan degen vilar, klä 2 stora bakplåtar med bakplåtspapper.

d) Lägg den uttorkade löken i en skål och tillsätt varmt vatten, låt löken dra i 15 minuter. Låt löken rinna av väl, lägg dem i en skål och tillsätt olja och vallmofrön om du använder dem. Ställ denna blandning åt sidan.

e) När degen har vilat, slå ner den och dela den i två lika stora delar. Dela sedan varje halva i sex lika stora bitar. Låt degportionerna vila i 10 minuter.

f) Rulla eller sträck ut varje degdel till en 4- eller 5-tums oval eller cirkel, var noga med att inte överarbeta degen. Placera bialysen på de förberedda bakplåtarna och gör fördjupningar i mitten med fingrarna ungefär lika stora som en halv dollar (gå inte igenom degen).

g) Borsta lätt den yttre omkretsen av varje bialy med äggtvätt. Sked cirka 2 teskedar av den förberedda löktoppningen på varje bialy och tillsätt en lätt saltstänk om så önskas.

h) Täck bialysen med en mjölad kökshandduk och låt dem jäsa i 30 till 40 minuter, eller tills de blir svullna.

i) Grädda bialys tills de är gyllenbruna, vilket bör ta cirka 25 till 30 minuter. Om du märker att bialysen brynar för snabbt kan du minska ugnsvärmen till 425 grader F. Njut av din nybakade bialys!

67.Carbquik citronmuffins

INGREDIENSER:

- 1 helt ägg
- 1 kopp Carbquik
- 2 msk Splenda (eller efter smak)
- 1 tsk rivet citronskal
- ¼ kopp citronsaft
- ⅛ kopp vatten
- 1 matsked olja
- 1 msk vallmofrön (valfritt)
- 1 tsk bakpulver
- En nypa salt

INSTRUKTIONER:

a) Förvärm din ugn: Värm din ugn till 400ºF (200ºC). Placera en bakform av papper i var och en av 6 muffinsformar av vanlig storlek, eller smörj bara bottnarna på muffinsformarna.

b) Blanda smeten: Vispa ägget lätt i en medelstor skål.

c) Rör sedan i resterande Carbquik, Splenda, rivet citronskal, citronsaft, vatten, olja, vallmofrön (om du använder), bakpulver och en nypa salt. Rör om tills blandningen precis är fuktad; övermixa inte.

d) Dela smeten: Fördela muffinssmeten jämnt mellan de förberedda muffinsformarna.

e) Baka: Grädda muffinsen i den förvärmda ugnen i 15 till 20 minuter eller tills topparna är gyllenbruna. Håll koll på dem mot slutet av gräddningstiden för att undvika övergräddning.

f) När de är klara, ta ut muffinsen från ugnen och låt dem svalna i muffinsformarna i några minuter.

g) Lägg över muffinsen till ett galler för att svalna helt.

h) Njut av dina hemgjorda Carbquik Lemon Muffins!

SENAPSFRÖN

68.Burekas

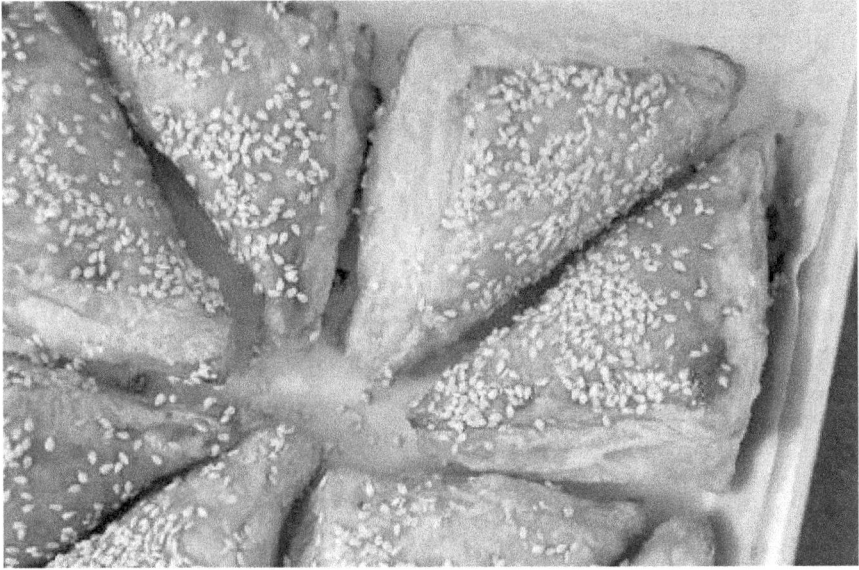

INGREDIENSER:
- 1 lb / 500 g smördeg av bästa kvalitet
- 1 stort frigående ägg, uppvispat

RICOTTA-FYLLNING
- ¼ kopp / 60 g keso
- ¼ kopp / 60 g ricottaost
- ⅔ kopp / 90 smulad fetaost
- 2 tsk / 10 g osaltat smör, smält

PECORINO-FYLLNING
- 3½ msk / 50 g ricottaost
- ⅔ kopp / 70 g riven lagrad pecorinoost
- ⅓ kopp / 50 g riven lagrad cheddarost
- 1 purjolök, skuren i 2-tums / 5 cm segment, blancherad tills den är mjuk och finhackad (¾ kopp / 80 g totalt)
- 1 msk hackad plattbladspersilja
- ½ tsk nymalen svartpeppar

FRÖN
- 1 tsk nigellafrön
- 1 tsk sesamfrön
- 1 tsk gula senapsfrön
- 1 tsk kumminfrön
- ½ tsk chiliflakes

INSTRUKTIONER:
a) Kavla ut degen till två 12-tums / 30 cm fyrkanter vardera ⅛ tum / 3 mm tjocka. Lägg bakplåtarna på en bakplåtspappersklädd plåt – de kan vila ovanpå varandra, med ett bakplåtspapper emellan – och låt stå i kylen i 1 timme.

b) Lägg varje uppsättning fyllningsingredienser i en separat skål. Blanda och ställ åt sidan. Blanda ihop alla frön i en skål och ställ åt sidan.

c) Skär varje bakelse ark i 4-tums / 10 cm rutor; du bör få 18 rutor totalt. Fördela den första fyllningen jämnt mellan hälften av rutorna, skeda den på mitten av varje ruta. Pensla två intilliggande kanter av varje ruta med ägg och vik sedan kvadraten på mitten för att bilda en triangel. Tryck ut eventuell luft och nyp ihop sidorna ordentligt. Man vill trycka till kanterna väldigt bra så att de inte öppnar sig under tillagningen. Upprepa med de återstående bakverksrutorna och den andra fyllningen. Lägg på en bakplåtspappersklädd plåt och ställ i kylen i minst 15 minuter för att stelna. Värm ugnen till 425°F / 220°C.

d) Pensla de två kortkanterna av varje bakverk med ägg och doppa dessa kanter i fröblandningen; en liten mängd frön, bara ⅙ tum / 2 mm breda, är allt som behövs, eftersom de är ganska dominerande. Pensla även toppen av varje bakverk med lite ägg, undvik fröna.

e) Se till att bakverken är åtskilda med cirka 3 cm mellanrum.

f) Grädda i 15 till 17 minuter, tills de är gyllenbruna överallt. Servera varm eller i rumstemperatur.

g) Om en del av fyllningen rinner ut ur bakverken under gräddningen är det bara att stoppa tillbaka det försiktigt när de är tillräckligt svala för att kunna hanteras.

69.Rabarberchutney

INGREDIENSER:

- 1 pund rabarber
- 2 tsk Grovriven färsk ingefära
- 2 vitlöksklyftor
- 1 Jalapeno chile, (eller fler) frön och vener Ta ut
- 1 tsk paprika
- 1 msk Svarta senapsfrön
- ¼ kopp vinbär
- 1 kopp ljust farinsocker
- 1½ kopp lätt vinäger

INSTRUKTIONER:

a) Tvätta rabarbern och dela i bitar ¼-tums tjocka. Om stjälkarna är breda, skär dem först i halvor eller tredjedelar på längden.

b) Finhacka den rivna ingefäran med vitlök och chili.

c) Lägg alla ingredienserna i en icke-frätande panna, låt koka upp, sänk sedan värmen och låt sjuda tills rabarbern bryts ner och har en syltstruktur, cirka 30 minuter.

d) Förvaras kylt i glasburk.

70.Inlagda rädisor

INGREDIENSER:
- 1 knippe rädisor, putsade och tunt skivade
- 1 kopp vit vinäger
- ½ kopp vatten
- ¼ kopp socker
- 1 matsked salt
- 1 tsk hela svartpepparkorn
- 1 tsk senapsfrön
- 1 tsk dillfrön

INSTRUKTIONER:
a) I en kastrull, kombinera vinäger, vatten, socker, salt, svartpepparkorn, senapsfrön och dillfrön.
b) Koka upp blandningen och rör tills sockret och saltet lösts upp.
c) Lägg de skivade rädisorna i en steriliserad burk.
d) Häll den varma betningsvätskan över rädisorna och se till att de är helt nedsänkta.
e) Låt de inlagda rädisorna svalna till rumstemperatur, täck sedan över och ställ i kylen i minst 24 timmar innan servering.

71.Senap Microgreen Dal Curry

INGREDIENSER:

- ½ kopp moon dal
- ¼ kopp pumpa
- 2 ½ kopp vatten
- Nypa salt
- ½ dl riven kokos
- 6 schalottenlök
- 1 vitlöksklyfta
- 1 grön chili
- currylöv
- ¼ teskedar gurkmejapulver
- ¼ teskedar spiskummin
- ½ kopp senap microgreens
- 1 msk olja
- ¼ teskedar senapsfrön
- 2 röda chili

INSTRUKTIONER:

a) Kombinera moong dal, pumpor, salt och vatten i en tryckkokare. Koka i 1 visselpipa efter att ha blandat allt ordentligt.

b) Blanda under tiden riven kokos, schalottenlök, vitlök, grön chili, spiskummin, 3 eller 4 curryblad och gurkmejapulver i en mixer.

c) Blanda i den malda pastan med den kokta dalblandningen.

d) Koka dalblandningen i 2 till 3 minuter. Nu är det dags att lägga till microgreens.

e) Koka upp i 1 minut och ta sedan bort från värmen.

f) Tillsätt senapsfrön och röd chili i en kastrull.

g) Tillsätt schalottenlök och koka några minuter

h) Tillsätt tempereringen till dalblandningen.

72.Prosecco senap

INGREDIENSER:

- ¼ kopp gula senapsfrön
- ¼ kopp bruna senapsfrön
- ½ kopp Prosecco
- ¼ kopp vitvinsvinäger
- 1 msk honung
- ½ tsk salt

INSTRUKTIONER:

a) Kombinera de gula och bruna senapsfröna i en skål.

b) Blanda Prosecco, vitvinsvinäger, honung och salt i en separat skål.

c) Häll Proseccoblandningen över senapsfröna och rör om.

d) Låt blandningen stå i rumstemperatur i cirka 24 timmar, rör om då och då.

e) Överför blandningen till en mixer eller matberedare och mixa tills önskad konsistens uppnås.

f) Förvara Proseccosenapen i en lufttät behållare i kylen.

g) Använd den som en krydda för smörgåsar, hamburgare eller som en dippsås för kringlor och snacks.

73.Hirs, ris och granatäpple

INGREDIENSER:

- 2 koppar tunn pohe
- 1 kopp puffad hirs eller ris
- 1 kopp tjock kärnmjölk
- ½ kopp granatäpplebitar
- 5 - 6 curryblad
- ½ tsk senapsfrön
- ½ tesked spiskummin
- ⅛ tesked asafoetida
- 5 teskedar olja
- Socker efter smak
- Salt att smaka
- Färsk eller torkad kokos - strimlad
- Färska korianderblad

INSTRUKTIONER:

a) Hetta upp oljan och tillsätt sedan senapsfröna.

b) Tillsätt spiskummin, asafoetida och currybladen när de poppar.

c) Lägg pohe i en skål.

d) Blanda i oljekryddmixen, socker och salt.

e) När pohe har svalnat, kombinera den med yoghurt, koriander och kokos.

f) Servera garnerad med koriander och kokos.

74.Tranbär-fikon Chutney

INGREDIENSER:

- 4 dl tranbär, grovt hackade
- 1 en-tums knopp ingefära rot, skalad och finstrimlad
- 1 stor navelapelsin, tärnad och finhackad
- 1 liten lök, fint tärnad
- ½ kopp torkade vinbär
- 5 Torkade fikon, finklippta
- ½ kopp valnötter, rostade och grovt hackade
- 2 msk senapsfrön
- 2 msk cidervinäger
- ¾ kopp Bourbon eller skotsk whisky (valfritt)
- 1½ koppar ljust farinsocker
- 2 tsk mald kanel
- 1 tsk Malen muskotnöt
- ½ tsk Malen kryddnejlika
- ½ tsk salt
- ⅛ tesked cayennepeppar

INSTRUKTIONER:

a) I en 4-liters kastrull, kombinera de grovhackade tranbären, finstrimlad ingefära, finhackad navelapelsin, tärnad lök, torkade vinbär, klippta torkade fikon, rostade och hackade valnötter, senapsfrön, strimlad ingefära, cidervinäger (om och whiskey) använder sig av).

b) Blanda brunt socker, kanel, muskotnöt, kryddnejlika, salt och cayennepeppar i en liten skål.

c) Tillsätt de torra ingredienserna från den lilla skålen i kastrullen med övriga ingredienser. Rör om för att kombinera allt.

d) Värm blandningen tills den kokar upp.

e) Sänk värmen och låt chutneyn sjuda i 25-30 minuter, rör om ofta.

f) När den är klar, låt chutneyn svalna och kyl den sedan i upp till 2 veckor. Alternativt kan den frysas i upp till 1 år.

g) Njut av din läckra tranbärsfikonchutney!

FÄNKÅLSFRÖN

75.Tres Leches Tårta Med Fänkålsfrö

INGREDIENSER:

SOCKERKAKA:

- 1 ½ dl universalmjöl
- 1 msk bakpulver
- 1 tsk kanel
- ½ tsk fänkålsfrö, rostat och malet
- ½ tsk korianderfrö, rostat och malet
- 6 äggvitor
- 1 tsk salt
- 1½ koppar strösocker
- 3 äggulor
- 2½ tesked vaniljextrakt
- ½ kopp mjölk
- 6 matskedar mjölkpulver

TRES LECHES SOAK:

- 1 kopp helmjölk
- 4 matskedar mjölkpulver, rostat (reserverad från sockerkaka recept)
- 12 uns kan förångad mjölk
- 14 uns kan kondenserad mjölk

MACERADE BÄR:

- ½ kopp vatten
- ½ kopp socker
- Fänkålsblad från 1 glödlampa, delade
- 18 uns bär efter eget val, uppdelade på hälften
- 1 msk citronsaft

VISPGRÄDDE:

- 1 kopp tung grädde
- ½ kopp strösocker
- 2 msk kärnmjölk
- Nypa salt

INSTRUKTIONER:
SOCKERKAKA:
a) Rosta kryddor i en 325-graders ugn i 8–10 minuter, mal sedan med en kryddkvarn, mortel och mortelstöt eller mixer.
b) Värm ugnen till 300 grader.
c) Tillsätt 6 msk mjölkpulver i en värmesäker panna och sätt in den i ugnen. Rör om och rotera var 5:e minut tills pulvret har färgen på sand.
d) Öka värmen till 350 grader.
e) Fodra en 9-av-13-tums kakform med bakplåtspapper; Smörj pergamentpapper väl med spray eller olja.
f) Sikta mjöl, bakpulver, kanel, fänkål och koriander i en stor bunke och vispa.
g) Lägg äggvita och salt i skålen med en stavmixer och mixa med en visp på medelhastighet tills det skummar. Fortsätt vispa tills det är fluffigt och vitorna håller mjuka toppar.
h) Pudra långsamt ner strösockret i den löpande mixern och fortsätt att vispa tills vitorna bildar medelstora toppar.
i) Medan mixern är igång, häll i äggulorna en i taget och sedan vaniljen, blanda tills den är inkorporerad.
j) Vispa ner 2 matskedar av det rostade mjölkpulvret i mjölken. Lägg resten av mjölkpulvret åt sidan för senare användning.
k) Ta ut marängen från mixern och vänd ner hälften av den torra blandningen med en gummispatel.
l) Häll i hälften av mjölkblandningen och fortsätt att vika, vrid skålen och vik medurs från mitten och in i kanten.
m) Tillsätt resterande torra ingredienser och fortsätt att vika. Tillsätt den återstående mjölkblandningen och vänd ihop tills den blandas, var försiktig så att du inte överblandar.
n) Häll smeten i den förberedda pannan och jämna till hörnen med en spatel.
o) Grädda i 10–12 minuter, rotera var 5:e minut för att säkerställa jämn gräddning.
p) Ta ut ur ugnen när kakan är jämnt brynt och kanterna dras loss från formen något.
q) Låt svalna till rumstemperatur.

TRES LECHES SOAK:

r) I en mixer, tillsätt mjölken, resten av det rostade mjölkpulvret, indunstad mjölk och kondenserad mjölk. Blanda för att införliva.

s) Häll över kakan och kyl den blötlagda kakan tills den ska serveras.

MACERADE BÄR:

t) Koka upp vattnet i en kastrull och tillsätt sedan socker. Vispa för att kombinera.

u) Lägg till en generös handfull ljusgröna fänkålsblad, reservera några för garnering. Ta bort från värmen och låt dra tills sirapen har svalnat till rumstemperatur.

v) Sila sirap.

w) Cirka 30 minuter före servering, macerera hälften av bären i sirapen och citronsaften. Spara resterande bär för garnering.

VISPGRÄDDE:

x) Tillsätt grädden, sockret, kärnmjölken och saltet i en stående mixer med visptillbehöret och blanda på medelhastighet tills medelstora toppar bildas.

y) Ställ i kyl tills den ska serveras.

HOPSÄTTNING:

z) Skär Tres leches kakan i skivor. Doppa varje skiva med vispad grädde, garnera sedan med färska bär, macererade bär och fänkålsblad.

76.Långsam stekt lamm

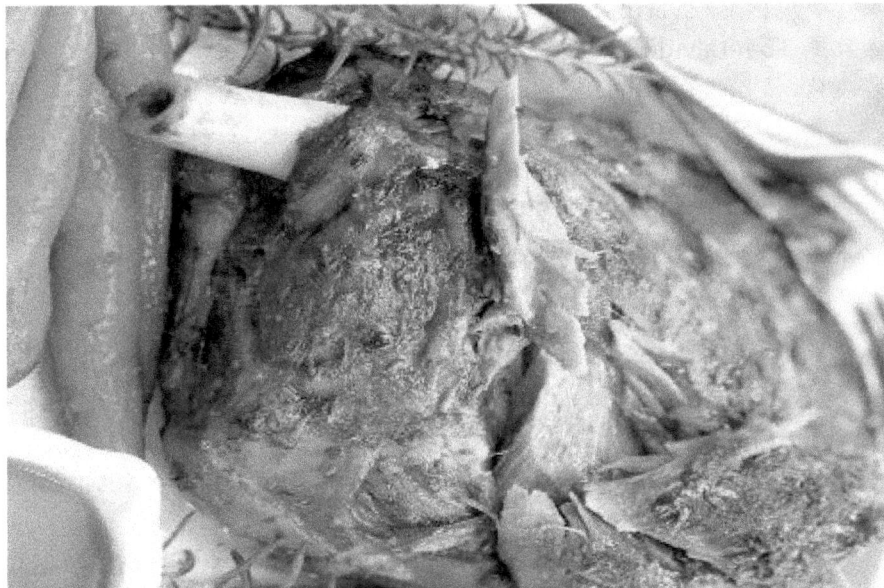

INGREDIENSER:

- 2 msk fänkålsfrön , malda
- 1 msk svartpepparkorn , malda
- 6 feta vitlöksklyftor, grovt hackade
- 1 msk olivolja
- 1 tsk saltflingor
- 5 pund . lammskuldra, ben i
- 2 stora lökar, skivade
- 14 uns Medium morötter, skrubbade
- Salt och nymalen svartpeppar

INSTRUKTIONER:

a) För att förbereda en pasta, kombinera vitlök, olivolja och salt i en matberedare.

b) Lägg lammet i en stor stekform och stick igenom dussintals små snitt över det hela med en vass kniv.

c) Sked fänkålsfröpastan över lammet och gnid in det så mycket som möjligt, gnugga in det i snitten.

d) Ställ i kyl några timmar .

e) Placera den i vedugnen i 2 timmar för att rosta.

f) Strö löken och hela morötterna runt lammet, rotera dem för att tråckla i saften och återgå till ugnen i ytterligare en timme, då allt ska vara extremt mjukt.

g) Överför lammet till en serveringsbricka och strö grönsakerna runt det, skeda över eventuell pannsaft.

77.Kamomill Och Fänkål Te

INGREDIENSER:

- 1 tsk kamomillblommor
- 1 tsk fänkålsfrön
- 1 tsk ängssöt
- 1 tsk marshmallowrot, finhackad
- 1 tsk rölleka

INSTRUKTIONER:

a) Lägg örterna i en tekanna.
b) Koka upp vatten och lägg i tekannan.
c) Låt dra i 5 minuter och servera.
d) Drick 1 mugg av infusionen 3 gånger om dagen.

KAVÄGEFRÖ

78.Farmhouse Pork Pot Pie

INGREDIENSER:

- 2 lökar, hackade
- 2 morötter, skivade
- 1 Kålhuvud, hackat
- 3 koppar fläsk, kokt, tärnad
- Salt att smaka
- 1 bakverk för en 9-tums paj
- ¼ kopp smör eller margarin
- 2 potatisar, tärnade
- 1 burk kycklingbuljong (14 oz)
- 1 matsked Angostura aromatisk bitter
- Vitpeppar efter smak
- 2 tsk kumminfrön

INSTRUKTIONER:

a) Fräs löken i smör tills den är gyllene.

b) Tillsätt morötter, potatis, kål, buljong, fläsk och bitter; täck och koka tills kålen är mjuk, ca 30 minuter.

c) Krydda med salt och vitpeppar efter smak.

d) Förbered bakverk, tillsätt kumminfrön.

e) Kavla ut bakverk på en lätt mjölat bord till ⅛-tums tjocklek; skär ut sex 6-tums cirklar till topp sex 5-tums pajformar.

f) Dela fyllningen lika mellan pajformarna; toppa med skorpor, låt bakverk hänga ½ tum över pannans sidor.

g) Skär ett kors på mitten av varje paj; dra tillbaka bakverkspunkterna för att öppna toppen av pajerna.

h) Grädda i förvärmd 400'F. ugnen 30 till 35 minuter, eller tills skorpan är brun och fyllningen är bubblig.

79.Coconut Supergreens & Spirulina Soppa

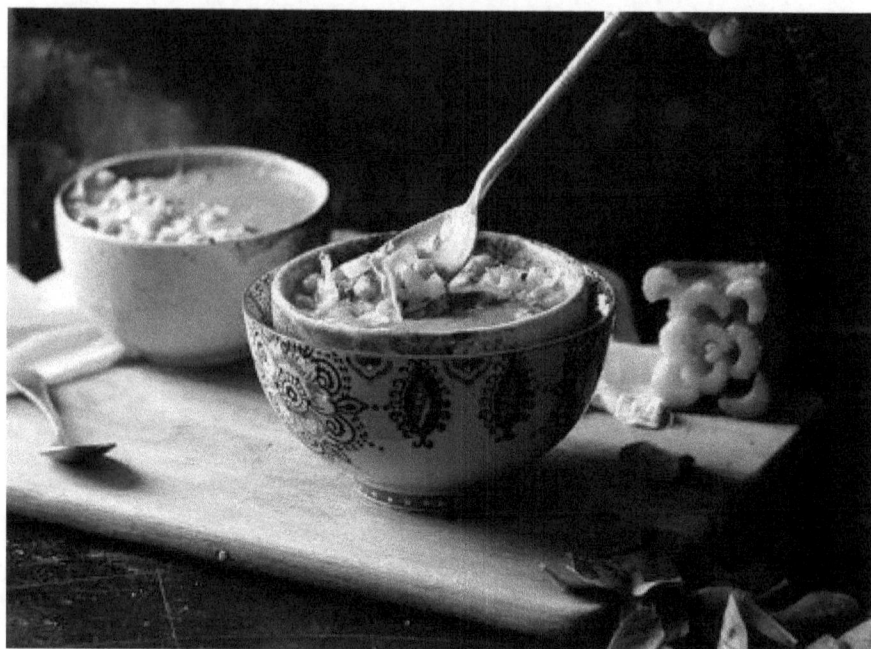

INGREDIENSER:

- 1 tsk fänkålsfrön
- 1 tsk kumminfrön
- 2" tum ingefära, hackad
- 3 vitlöksklyftor, hackade
- 1 stor vit lök, grovt hackad
- 2 st selleri, grovt hackad
- 1 huvud broccoli
- 1 zucchini/zucchini, hackad
- 1 äpple, skalat och hackat
- 2 packade koppar spenat
- 3 dl grönsaksfond
- 1 tsk havssalt
- 1 tsk peppar
- 2 tsk spirulina
- 1 msk limejuice

INSTRUKTIONER:

a) Värm 1 matsked olivolja i en stor gryta över medelhög och tillsätt kummin och fänkålsfröna och värm tills de börjar poppa.

b) Tillsätt löken i pannan och koka i cirka 3 minuter eller tills den är genomskinlig.

c) Tillsätt vitlöken och ingefäran och fortsätt fräsa i 30 sekunder, så det doftar.

d) Tillsätt sellerin och broccolin, rör om för att kombinera allt och koka i 1 minut innan du tillsätter äpple, zucchini, salt, peppar och grönsaksfond.

e) Koka upp fonden och låt den sedan sjuda upp. Sjud i cirka 10 minuter eller tills grönsakerna är mjuka.

f) Tillsätt kokosmjölken och låt koka upp igen.

g) Tillsätt spenaten, rör om och koka i 1 minut, tills den vissnat och vibrerande grön.

h) Ta av från värmen och rör ner limesaft och spirulina.

i) Överför till en mixer och kör på hög tills den är slät! Toppa med krutonger, rostade kikärtor eller kokosflingor

80.tysk Bratwurst

INGREDIENSER:

- 4 pund finmalen fläskrumpa
- 2 pund fint malet kalvkött
- ½ tsk mald kryddpeppar
- 1 tsk kumminfrön
- 1 tsk torkad mejram
- 1½ tsk vitpeppar
- 3 tsk salt
- 1 kopp kallt vatten

INSTRUKTIONER:

a) Kombinera alla ingredienser, blanda väl och lägg igenom det fina bladet på kvarnen igen.

b) Stoppa i svintarmen.

81.Saltad kummin och rågkex

INGREDIENSER:

- 1 kopp vanligt mjöl
- 1 dl rågmjöl
- 1 tsk mörkt farinsocker
- ½ tsk bakpulver
- ½ tsk fint salt
- ¼ kopp smör, c ube d
- ½ kopp mjölk
- 1 ägg, uppvispat
- 2 msk kummin, efter smak
- S ea saltflingor

INSTRUKTIONER:

a) I en bunke, vispa ihop både mjöl, socker, bakpulver och salt.

b) Tillsätt smörtärningarna och blanda i dem tills de är helt absorberade i mjölet;

c) Tillsätt mjölken och rör om med en matsked för att få en smidig deg. Slå in i matfilm och låt stå i rumstemperatur i 30 minuter.

d) När du är redo att baka, mjöla lätt arbetsytan och en bakplåt.

e) Kavla ut degen så att den matchar formen på bakplåten så nära som möjligt.

f) Pricka kexen överallt med en gaffel och skär dem sedan djupt.

g) Knäck ägget i en skål och vispa lätt med en matsked vatten. Pensla över hela degen och toppa sedan med kummin och en generös mängd havssaltflingor.

h) Sätt in i den vedeldade ugnen och grädda i 20 minuter vid ca 350°F.

i) När kexen är kall, knäpp dem längs skårorna och servera.

NIGELLAFröN/SVARTA KUMMINFRÖ

82.Aubergine Syrlig Med Getost

INGREDIENSER:

- 2 pund aubergine (ca 3 små auberginer; 900 g)
- 4 teskedar koshersalt, uppdelat
- Allroundmjöl, för att pudra
- 2 ark fryst smördeg (1 hel låda), tinade
- 4 matskedar extra virgin olivolja (2 uns; 60 g)
- Nymalen svartpeppar
- ½ kopp färsk getost (4 ounces; 112g)
- 2 koppar strimlad Gouda (6 ounces; 168g)
- 2 teskedar nigellafrön
- 4 matskedar honung (2 uns; 60 g), delad
- Färska örter, som gräslök eller basilika, för garnering (valfritt)

INSTRUKTIONER:

a) Använd en vass kockkniv eller mandolin och skär auberginen i ¼-tums tjocka skivor.

b) Kasta skivorna med 1 matsked (12g) koshersalt och lägg dem åt sidan i ett durkslag över en skål eller diskho. Låt dem rinna av i minst 30 minuter.

c) Justera två galler i ugnen till övre och nedre mittenläge. Värm ugnen till 400°F (200°C).

d) Klä tre kantade halvplåtsbrickor med bakplåtspapper. Skär också ett extra ark pergament och lägg det åt sidan.

e) På en lätt mjölad yta, lägg de tinade smördegsarken ovanpå varandra.

f) Kavla ut degen tills den är precis tillräckligt stor för att passa ett halvarksfack, cirka 11 x 15 tum. Använd tillräckligt med mjöl för att förhindra att den fastnar.

g) Rulla degen på kaveln för att överföra den, rulla sedan ut den på den bakplåtspappersklädda plåten. Lägg det extra arket med bakplåtspapper ovanpå.

h) Vid det här laget skulle auberginen ha släppt ut överflödig vätska. Skölj aubergineskivorna under kallt vatten för att ta bort resterande salt och klappa dem torra med en ren kökshandduk eller hushållspapper. Ordna aubergineskivorna på de två återstående klädda bakplåtarna. Krydda dem med extra virgin olivolja, svartpeppar och det återstående koshersaltet.

i) Lägg en av auberginebakplåtarna ovanpå smördegen för att tynga ner den när den gräddas. Grädda alla tre plåtarna i den förvärmda ugnen i cirka 20 minuter, rotera formarna en gång efter 10 minuter. Under denna tid kommer auberginen att bli mör, och bakverket blir fast men bör inte utveckla någon färg.

SAMLA TÄRTA:

j) Efter den första gräddningen tar du ut plåtarna från ugnen. Öka ugnstemperaturen till 500°F (260°C). Använd en förskjuten spatel för att jämnt fördela getost på smördegen. Strö strimlade Gouda- och nigellafrön över getosten.

k) Ordna de delvis kokta aubergineskivorna så att de täcker tårtan. Ringla 2 matskedar (30 g) honung jämnt över auberginen.

l) Sätt tillbaka tårtan i ugnen och grädda i ytterligare 15 minuter eller tills degen är djupt brynt och knaprig hela vägen igenom.

m) Avsluta tårtan med att ringla den återstående honungen över den. Eventuellt garnera med färska örter som gräslök eller basilika. Skär tårtan i önskade portionsstorlekar och servera genast.

n) Njut av denna läckra auberginetårta med getost och honung som en härlig aptitretare eller huvudrätt.

83.Kyckling Scones

INGREDIENSER:
FÖR SCONES:
- 225g självjäsande mjöl, plus extra för att pudra
- 1 tsk bakpulver
- 140g kallt smör, hackat i små bitar
- 150 ml mjölk
- 1 msk nigellafrön
- 1 ägg, uppvispat

FÖR FYLLNING:
- 3 kokta kycklingbröst, finhackade eller strimlade
- 100 g mango chutney
- 2 tsk milt currypulver
- 150g pot naturell yoghurt
- 75 g majonnäs
- Litet knippe koriander, hackad
- Litet knippe mynta, hackad
- Saften av ½ citron
- ½ gurka, skalad i band
- 1 liten rödlök, tunt skivad

INSTRUKTIONER:
FÖR SCONES:
a) Klä en plåt med bakplåtspapper och förvärm ugnen till 220°C/200°C fläkt/gas 7.

b) Blanda det självjäsande mjölet, bakpulvret och ¼ tesked salt i en stor skål. Tillsätt det kalla, hackade smöret och gnid in det i mjölet med fingertopparna tills blandningen påminner om fina ströbröd.

c) Tillsätt mjölken och nigellafröna, använd sedan en bestickkniv för att blanda ingredienserna tills de bildar en mjuk deg.

d) Tippa degen på din arbetsyta och knåda kort för att få med eventuella lösa smulor. Mjöla ytan väl och kavla ut degen till en tjocklek av ca 1½ cm. Använd en 7 cm kexskärare för att stämpla ut 12 cirklar. Du kan behöva kombinera resterna och rulla om för att göra alla 12 scones.

e) Lägg sconesen på plåtarna, pensla topparna med lite uppvispat ägg och grädda i 10-12 minuter eller tills de är gyllenbruna. Ställ dem åt sidan för att svalna medan du förbereder fyllningen.

FÖR FYLLNING:

f) Blanda hackad eller strimlad kyckling, mangochutney, mild currypulver, naturell yoghurt, majonnäs, hackade örter, citronsaft i en skål och krydda efter smak. Kyl denna blandning tills du är redo att sätta ihop sconesen.

ATT BYGGA IHOP:

g) För att servera, dela sconesen och skapa smörgåsar med kröningskycklingen, gurkbanden och tunt skivad rödlök.

h) Om så önskas, använd spett för att hålla ihop sconesen.

84.Tikur Azmud kryddblandning (svartkumminblandning)

INGREDIENSER:

- 2 msk svarta spiskumminfrön (Tikur Azmud)
- 1 msk korianderfrön
- ½ tsk kardemummafrön
- ½ tsk bockhornsklöverfrön
- ½ tsk senapsfrön
- ½ tsk nigellafrön (kalonji)
- ½ tsk mald kanel
- ½ tsk mald kryddnejlika
- ½ tsk mald kryddpeppar

INSTRUKTIONER:

a) I en torr stekpanna, rosta lätt spiskummin, korianderfrön, kardemummafrön, bockhornsklöverfrön, senapsfrön och nigellafrön tills de blir doftande. Var försiktig så att du inte bränner dem.

b) Låt de rostade fröna svalna och mal dem sedan till ett fint pulver med en kryddkvarn eller mortel och mortelstöt.

c) I en skål, kombinera den malda kryddblandningen med mald kanel, kryddnejlika och kryddpeppar.

d) Förvara Tikur Azmud kryddblandningen i en lufttät behållare på en sval, mörk plats.

85.Grön Matcha Kyckling Curry Med Lime

INGREDIENSER:

- 2 msk koriander, frön plus 1 stort gäng, hackad
- 1 msk spiskummin, frön
- 1 ½ tsk, grönt te
- 1 nypa nyriven muskotnöt
- 6 vitlöksklyftor, hackade
- 5 schalottenlök, hackad
- 8 chilipeppar, grön, kärnad och hackad
- 125 g Galangal, hackad
- 2 citrongrässtjälkar, yttre blad borttagna, inre stjälkar hackade
- 4 Kaffir Limeblad, hackade
- 2 räkpasta matskedar
- 1 Lime, pressad
- 4 matskedar jordnötsolja
- 2 kycklingbröst utan skinn, skivade
- 400 ml kycklingfond
- 400 ml kokosmjölk
- 250 g Mangetout, grovt skivad
- 4 små Bok Choy, grovt hackad
- Salt
- Svartpeppar, nymalen
- Korianderkvistar
- 2 limefrukter, skurna i klyftor
- 1 matsked svartpeppar, krossade

INSTRUKTIONER:

a) Hur man gör en kryddig grön matcha kycklingcurry med lime
b) Rosta koriander och spiskummin i en torr stekpanna på medelvärme tills de är aromatiska.
c) Häll i en kryddkvarn, tillsätt matchapulvret och mixa tills det är fint och pudsigt.
d) Häll den i en mixer eller matberedare.
e) Tillsätt muskotnöt, vitlök, schalottenlök, koriander, chili, galangal, citrongräs, kaffir, limeblad, räkpasta och limejuice.
f) Mixa på hög tills den är slät och pastaliknande.
g) Värm 2 msk olja i en stor wok på måttlig värme.

h) Krydda kycklingen med salt och peppar innan den läggs i woken och steks tills den är gyllene, ca 3-4 minuter.
i) Överför till en tallrik.
j) Tillsätt den återstående oljan och sedan pastan, stek tills den börjar mörkna medan ofta, ca 4-5 minuter.
k) Vispa i fonden och kokosmjölken och låt sjuda upp.
l) Lägg kycklingen i såsen, täck delvis med lock och koka på låg värme tills den är genomstekt ca 6-8 minuter.
m) Tillsätt mangetout och pak choi till curryn och koka i ytterligare 3-4 minuter tills de är precis mjuka.
n) Krydda curryn med salt och peppar efter smak.
o) Servera den gröna matcha-kycklingcurryn från woken med en garnering av korianderkvistar, några limeklyftor och ett stänk krossade svartpepparkorn.

PAPAYAFÖ

86.Papaya frön salsa

INGREDIENSER:

- 1 kopp tärnad mogen papaya
- 2 msk finhackad rödlök
- 1 jalapeñopeppar, kärnad och finhackad
- 2 msk hackad färsk koriander
- Saft av 1 lime
- Salt att smaka
- 1 msk papayafrön

INSTRUKTIONER:

a) I en skål, kombinera tärnad papaya, hackad rödlök, hackad jalapeñopeppar, hackad koriander och limejuice.
b) Tillsätt papayafröna och blanda väl.
c) Smaka av med salt efter smak.
d) Låt salsan sitta i minst 15 minuter så att smakerna smälter samman.
e) Servera med tortillachips, grillad fisk eller tacos.

87.Papaya Seed Smoothie

INGREDIENSER:

- 1 mogen banan
- 1 kopp tärnad papaya
- 1/2 kopp ananasbitar
- 1/2 kopp spenatblad
- 1/2 dl kokosvatten eller mandelmjölk
- 1 msk papayafrön
- Honung eller lönnsirap (valfritt, för sötma)

INSTRUKTIONER:

a) I en mixer, kombinera den mogen banan, tärnad papaya, ananasbitar, spenatblad, kokosvatten eller mandelmjölk och papayafrön.

b) Mixa tills det är slätt och krämigt.

c) Smaka av och tillsätt honung eller lönnsirap om så önskas för extra sötma.

d) Häll upp i glas och njut direkt som en uppfriskande och näringsrik smoothie.

88.Papayafröndressing

INGREDIENSER:

- ¼ kopp papayafrön
- ¼ kopp olivolja
- 2 msk vitvinsvinäger
- 1 msk honung
- 1 tsk dijonsenap
- Salta och peppra efter smak

INSTRUKTIONER:

a) I en mixer eller matberedare, kombinera papayafrön, olivolja, vitvinsvinäger, honung, dijonsenap, salt och peppar.

b) Mixa tills dressingen är slät och papayafröna är väl införlivade.

c) Smaka av och justera kryddningen om det behövs.

d) Överför papayafrödressingen till en flaska eller burk med tättslutande lock.

e) Skaka väl innan användning.

f) Ringla dressingen över sallader eller använd den som marinad till grillat kött eller grönsaker.

BLANDADE FRÖN

89.Thandai Tres Leches

INGREDIENSER:
FÖR THANDAI POWDER:
- 2 matskedar mandel
- 1 msk cashewnötter
- ¼ tesked svartpepparkorn
- ½ msk fänkålsfrön
- ½ msk vallmofrön
- ½ msk melonfrön
- 8-10 kardemummakapslar
- ½ msk torkade rosenblad
- 8-10 saffranstrådar

FÖR SVAMPEN:
- 1 + ½ koppar universalmjöl
- 1 tsk bakpulver
- 1 kopp yoghurt
- ½ tesked bakpulver
- ¾ kopp strösocker
- ½ kopp vegetabilisk olja
- 1 tsk vaniljextrakt
- 2 matskedar thandai pulver

FÖR MJÖLKBLANDNING:
- 1½ dl mjölk
- ½ kopp kondenserad mjölk
- ¾ kopp vispgrädde
- 7-8 saffranstrådar
- 2 matskedar thandai sirap

FÖR GARNERING:
- Vispgrädde
- Saffranstrådar
- Guldlöv
- Torkade rosenblad

INSTRUKTIONER:

THANDAI POWDER:

a) I en matberedare, kombinera mandel, cashewnötter, svartpepparkorn, fänkålsfrön, vallmofrön, melonfrön, kardemummaskidor, torkade rosenblad och saffranssträngar. Blixt till ett fint pulver. Avsätta.

b) Värm ugnen till 180°C. Klä en 9-tums fyrkantig form med bakplåtspapper på båda sidor.

FÖRBERED SVAMP:

c) I en skål, kombinera yoghurt och strö bakpulver över den. Låt det skumma upp.

d) Tillsätt strösocker i samma skål och blanda väl.

e) Lägg en sil över bunken och tillsätt universalmjöl och bakpulver. Blanda väl.

f) Tillsätt vaniljextrakt och thandaipulver i smeten. Blanda tills det är väl blandat.

g) Häll smeten i den förberedda formen och grädda i 180°C i 20-25 minuter eller tills ett isatt spett kommer ut rent.

MJÖLKBLANDNING:

h) Häll varm mjölk i en måttkanna eller bägare.

i) Tillsätt saffranssträngar, vispgrädde, kondenserad mjölk och thandaisirap. Blanda väl.

Blötlägg tårtan:

j) När kakan är gräddad, sticka över den med en gaffel.

k) Häll mjölkblandningen i tre delar, låt den blötläggas ordentligt mellan intervallerna. Luta kastrullen för att säkerställa korrekt absorption.

l) Spara lite mjölkblandning till servering.

m) Kyl i 8 timmar eller över natten.

n) Innan servering, rör vispgrädde på ytan.

o) Garnera med vispad grädde, torkade rosenblad, saffranssträngar och bladguld.

p) Skär kakan i rutor och lägg på ett fat.

q) Häll överbliven mjölkblandning över kakan under servering.

r) Njut av!

90.Inlagda rädisor

INGREDIENSER:

- 1 knippe rädisor, putsade och tunt skivade
- 1 kopp vit vinäger
- ½ kopp vatten
- ¼ kopp socker
- 1 matsked salt
- 1 tsk hela svartpepparkorn
- 1 tsk senapsfrön
- 1 tsk dillfrön

INSTRUKTIONER:

f) I en kastrull, kombinera vinäger, vatten, socker, salt, svartpepparkorn, senapsfrön och dillfrön.

g) Koka upp blandningen och rör tills sockret och saltet lösts upp.

h) Lägg de skivade rädisorna i en steriliserad burk.

i) Häll den varma betningsvätskan över rädisorna och se till att de är helt nedsänkta.

j) Låt de inlagda rädisorna svalna till rumstemperatur, täck sedan över och ställ i kylen i minst 24 timmar innan servering.

91.Pumpa Curry Med Kryddig Frön

INGREDIENSER:

- 3 dl pumpa – hackad i 1–2 cm bitar
- 2 matskedar olja
- ½ matsked senapsfrön
- ½ matsked spiskummin
- Nyp asafetida
- 5-6 curryblad
- ¼ matsked bockhornsklöver frön
- ¼ matsked fänkålsfrön
- ½ matsked riven ingefära
- 1 matsked tamarindpasta
- 2 msk – torr, mald kokos
- 2 msk rostade jordnötter
- Salt och farinsocker eller jaggery efter smak
- Färska korianderblad

INSTRUKTIONER:

a) Hetta upp oljan och tillsätt senapsfröna. När de poppar tillsätt kummin, bockhornsklöver, asafetida, ingefära, curryblad och fänkål. Koka i 30 sekunder.

b) Tillsätt pumpa och salt. Tillsätt tamarindpastan eller vattnet med fruktköttet inuti. Tillsätt jaggery eller farinsocker. Tillsätt mald kokos och jordnötspulver. Koka ytterligare några minuter. Tillsätt nyhackad koriander.

92.Kål Och Granatäpple Sallad

INGREDIENSER:

- 1 dl vitkål – riven
- ½ granatäpple, kärnorna borttagna
- ¼ matskedar senapsfrön
- ¼ matskedar spiskummin
- 4-5 curryblad
- Nyp asafoetida
- 1 matsked olja
- Salt och socker efter smak
- Citronsaft efter smak
- Färska korianderblad

INSTRUKTIONER:

a) Kombinera granatäpple och kål.

b) Hetta upp senapsfröna i en panna med oljan.

c) Tillsätt spiskummin, currybladen och asafoetida i pannan.

d) Kombinera kryddblandningen med kålen.

e) Tillsätt socker, salt och citronsaft och blanda ordentligt. Servera garnerad med koriander.

93.Morot Och Granatäpple Sallad

INGREDIENSER:

- 2 morötter – rivna
- ½ granatäpple, kärnorna borttagna
- ¼ matskedar senapsfrön
- ¼ matskedar spiskummin
- 4-5 curryblad
- Nyp asafoetida
- 1 matsked olja
- Salt och socker efter smak
- Citronsaft - efter smak
- Färska korianderblad

INSTRUKTIONER:

a) Kombinera granatäpple och morot.
b) Hetta upp senapsfröna i en panna med oljan.
c) Tillsätt spiskummin, currybladen och asafoetida.
d) Kombinera kryddblandningen med moroten.
e) Tillsätt socker, salt och citronsaft.
f) Servera garnerad med koriander.

94.Te Masala Spice

INGREDIENSER:

- 1 kanelstång
- 5-6 hela nejlikor
- 5-6 hela kardemummakapslar
- 1-tums bit färsk ingefära, riven
- 1 tsk svartpepparkorn
- 1 tsk fänkålsfrön
- 1 tsk korianderfrön
- 1 tsk spiskummin

INSTRUKTIONER:

a) Torrrosta kanelstången, kryddnejlika, kardemumma, svartpepparkorn, fänkålsfrön, korianderfrön och spiskummin i en panna på låg värme tills de doftar.

b) Ta bort från värmen och låt kryddorna svalna.

c) Mal de rostade kryddorna i en kryddkvarn eller mortel och stöt tills de är fina.

d) Förvara Kenyan Tea Masala i en lufttät behållare.

e) För att använda, lägg till en nypa eller två av te masala till ditt te medan du brygger för en doftande och kryddad smak.

95.Kryddade chili kikärter

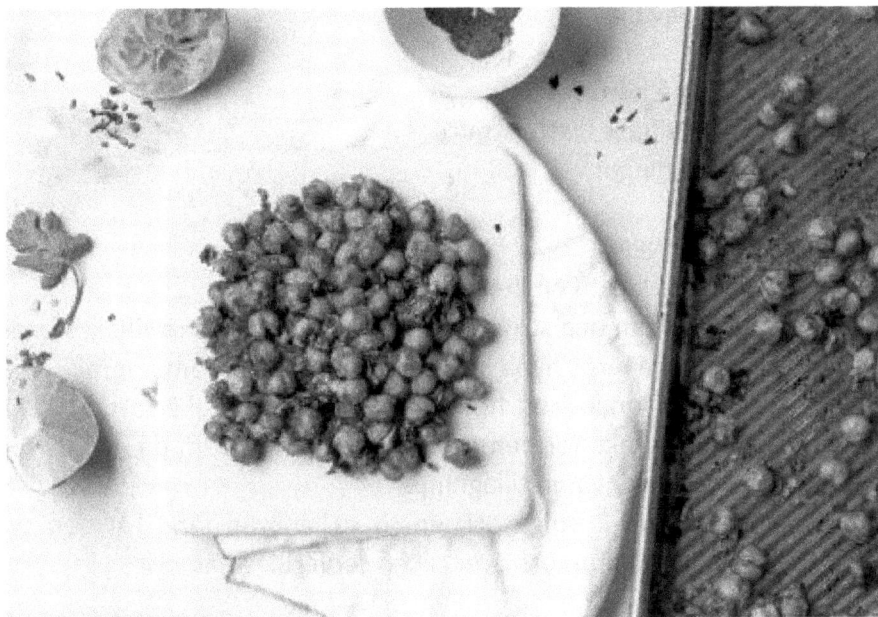

INGREDIENSER:

- 3 koppar kokta kikärtor
- 1 msk olivolja
- 2 tsk spiskummin
- 2 tsk nigellafrön
- 2 tsk chiliflakes, efter smak
- S ea saltflingor

INSTRUKTIONER:

a) i ett enda lager i en liten stekplåt .

b) Ringla i oljan och strö spiskummin, nigella och chiliflakes ovanpå. Häll i en generös nypa havssaltflingor för att kombinera.

c) Placera pannan i en het vedugn och rosta kikärtorna i cirka 30 minuter, skaka formen för att blanda ihop dem då och då för att säkerställa en jämn tillagning.

d) De ska vara krispiga och en rik gyllenbrun färg. Låt den svalna något innan den förs över till en serveringsskål.

96.Tranbär Och Nötter

INGREDIENSER:

- 1 kopp universalmjöl
- 2 matskedar farinsocker
- ¾ kopp tärnade tranbär
- ½ kopp pekannötter
- ½ kopp pumpafrön
- 2 tsk chiafrön
- 2 tsk sesamfrön
- 1 tsk finhackad färsk rosmarin
- ½ tesked apelsinskal
- 1 tesked bakpulver
- ½ tesked salt
- 1 kopp mjölk
- Grovt salt (till topping)

INSTRUKTIONER:

a) Värm ugnen till 350°F (180°C).

b) I en stor skål, kombinera alla ingredienser utom mjölken. När allt är blandat, tillsätt mjölken för att skapa en smet.

c) Smörj minibrödformar med matlagningsspray och fyll dem med smeten, fyll varje form till cirka två tredjedelar.

d) Grädda i 25-40 minuter eller tills kexen blivit fasta. Den exakta gräddningstiden kan variera beroende på storleken på dina brödformar. Mina brödformar tog cirka 30 minuter att baka.

e) Låt de bakade bröden svalna i 10-15 minuter och lägg dem sedan i frysen i 30-60 minuter. Alternativt kan du låta dem svalna i rumstemperatur, även om det kan ta flera timmar.

f) När bröden har svalnat helt, förvärm ugnen till 325°F (160°C) och ta försiktigt bort de bakade bröden från brödformarna.

g) Använd en vass sågtandad kniv och skär varje bröd i tunna skivor, ungefär ⅛ tjocka.

h) Lägg de skivade kexen på ett galler på en plåt och strö eller mal grovt salt ovanpå.

i) Grädda i 25-30 minuter.

j) Låt kexen svalna; de kommer att fortsätta att bli knapriga när de svalnar.

97.Godiva Och Mandel Choklad Bark

INGREDIENSER:

- 8 uns Godiva mörk choklad, finhackad
- ½ dl rostad mandel, grovt hackad
- ¼ kopp blandade frön (t.ex. pumpafrön, solrosfrön, chiafrön)
- En nypa flingigt havssalt (valfritt, för garnering)

INSTRUKTIONER:

a) Klä en plåt med bakplåtspapper eller en bakmatta av silikon. Se till att den får plats i din kyl eller frys.

b) Lägg den finhackade Godiva mörka chokladen (eller mörk chokladchips) i en mikrovågssäker skål. Mikrovågsugn i 20-30 sekunders intervall, rör om varje gång, tills chokladen är helt smält och slät. Alternativt kan du smälta chokladen med hjälp av en dubbelpanna på spishällen.

c) Häll den smälta mörka chokladen på den förberedda bakplåten. Använd en spatel eller baksidan av en sked för att sprida ut den jämnt till en rektangel eller fyrkantig form, cirka ¼ till ½ tum tjock.

d) Strö den hackade rostade mandeln och blandade frön jämnt över den smälta chokladen medan den fortfarande är mjuk. Tryck försiktigt ner dem i chokladen så att de fäster.

e) Om så önskas, strö en nypa flingigt havssalt över toppen av chokladbarken. Detta ger en härlig kontrast till chokladens sötma.

f) Placera bakplåten i kylen eller frysen så att chokladbarken stelnar. Det tar cirka 30 minuter till 1 timme i kylen eller cirka 15-30 minuter i frysen.

g) När chokladbarken är helt stel och fast, ta bort den från kylen eller frysen.

h) Använd dina händer eller en kniv för att bryta den i oregelbundna bitar eller skärvor.

98.Squash Goji skålar

INGREDIENSER:

- 2 medelstora ekollon squash
- 4 tsk kokosolja
- 1 msk lönnsirap eller farinsocker
- 1 tsk garam masala
- Fint havssalt
- 2 koppar vanlig grekisk yoghurt
- Granola
- gojibär
- Granatäpple
- Hackade pekannötter
- Rostade pumpafrön
- Nötsmör
- Hampafrön

INSTRUKTIONER:

a) Värm ugnen till 375°F.

b) Dela squashen på mitten från stjälk till botten. Skopa ur och kassera fröna. Pensla köttet av varje halva med olja och lönnsirap och strö sedan över garam masala och en nypa havssalt. Lägg squashen på en kantad bakplåt med snittsidan nedåt. Grädda tills de är mjuka, 35 till 40 minuter.

c) Vänd ner squashen och svalna något.

d) För att servera, fyll varje squashhalva med yoghurt och granola. Toppa med gojibär, granatäpple, pekannötter och pumpafrön, ringla över nötsmör och strö över hampafrön.

99.Superfood-yoghurtskålen

INGREDIENSER:

- 1 kopp grekisk yoghurt
- 1 tsk kakaopulver
- ½ tsk vanilj
- Granatäpplekärnor
- Hampafrön
- Chiafrön
- gojibär
- Blåbär

INSTRUKTIONER:

a) Blanda alla ingredienser i en skål.

100.Kiwi Papaya skålar

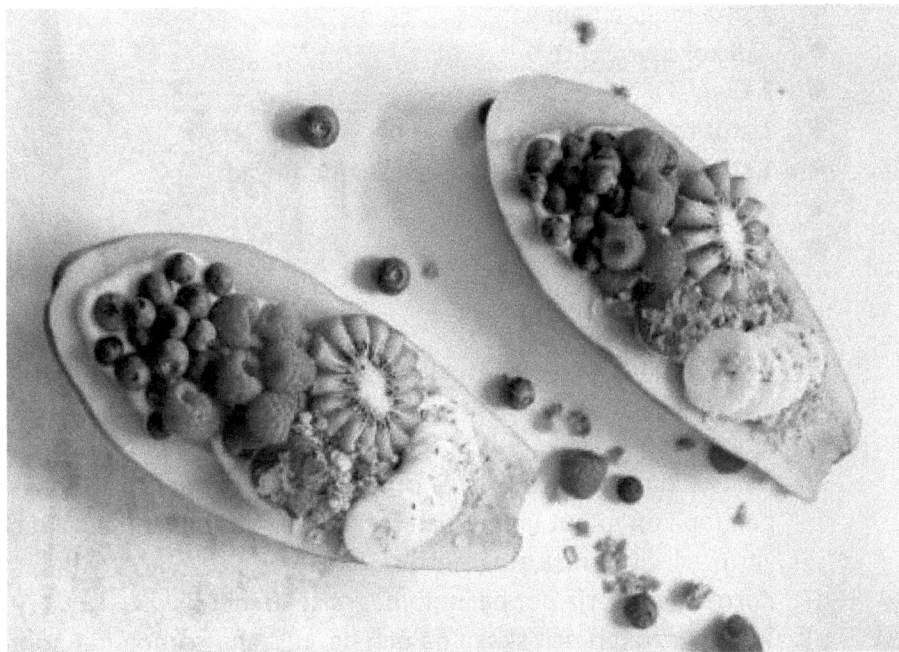

INGREDIENSER:

- 4 matskedar amarant, delad
- 2 små mogna papaya
- 2 dl kokosyoghurt
- 2 kiwi, skalade och tärnade
- 1 stor rosa grapefrukt, skalad och segmenterad
- 1 stor navelapelsin, skalad och segmenterad
- Hampafrön
- Svarta sesamfrön

INSTRUKTIONER:

a) Värm en hög, bred kastrull på medelhög värme i flera minuter.

b) Kontrollera om pannan är tillräckligt varm genom att tillsätta några amarantkorn.

c) De ska darra och poppa inom några sekunder. Om inte, värm pannan i en minut längre och testa igen. När pannan är tillräckligt varm, tillsätt 1 msk amaranth.

d) Kornen bör börja poppa inom några sekunder.

e) Täck kastrullen och skaka då och då, tills alla kornen har spruckit. Häll den poppade amaranten i en skål och upprepa med den återstående amaranten, 1 matsked i taget.

f) Skär papayan på mitten på längden, från stjälk till svans, ta sedan bort och kassera fröna. Fyll varje halva med poppad amarant och kokosyoghurt.

g) Toppa med segment av kiwi, grapefrukt och apelsin och strö över hampafrön och sesamfrön.

SLUTSATS

När vi tar farväl av "100 recept med pumpafrön, solrosfrön och mer", gör vi det med hjärtan fulla av tacksamhet för smakerna som njuts av, minnen som skapats och de kulinariska äventyren som delas längs vägen. Genom 100 recept som hyllade frönas mångfald och mångsidighet, har vi utforskat den otroliga potentialen hos dessa små men mäktiga ingredienser, och upptäckt nya smaker, texturer och tekniker längs vägen.

Men vår resa slutar inte här. När vi återvänder till våra kök, beväpnade med nyvunnen inspiration och uppskattning för frön, låt oss fortsätta att experimentera, förnya och skapa. Oavsett om vi lagar mat till oss själva, våra nära och kära eller gäster, må recepten i denna kokbok tjäna som en källa till glädje och tillfredsställelse i många år framöver.

Och när vi njuter av varje läcker tugga av fröinfunderad godhet, låt oss komma ihåg de enkla nöjena med god mat, gott sällskap och glädjen att laga mat. Tack för att du följde med oss på denna smakrika resa genom frövärlden. Må ditt kök alltid vara fyllt med frönas nyttiga godhet, och må varje rätt du skapar vara en hyllning till hälsa, smak och kreativitet.

9 781836 875574